ADVOCACIA PÚBLICA MUNICIPAL COMO FUNÇÃO ESSENCIAL À JUSTIÇA E A JURISPRUDÊNCIA DO SUPREMO TRIBUNAL FEDERAL

GUSTAVO MACHADO TAVARES
ELISA ALBUQUERQUE MARANHÃO REGO

Prefácio
José Eduardo Martins Cardozo

Apresentação
Cláudio Pereira de Souza Neto

ADVOCACIA PÚBLICA MUNICIPAL COMO FUNÇÃO ESSENCIAL À JUSTIÇA E A JURISPRUDÊNCIA DO SUPREMO TRIBUNAL FEDERAL

Belo Horizonte

FÓRUM
CONHECIMENTO JURÍDICO

2022

© 2022 Editora Fórum Ltda.

É proibida a reprodução total ou parcial desta obra, por qualquer meio eletrônico, inclusive por processos xerográficos, sem autorização expressa do Editor.

Conselho Editorial

Adilson Abreu Dallari
Alécia Paolucci Nogueira Bicalho
Alexandre Coutinho Pagliarini
André Ramos Tavares
Carlos Ayres Britto
Carlos Mário da Silva Velloso
Cármen Lúcia Antunes Rocha
Cesar Augusto Guimarães Pereira
Clovis Beznos
Cristiana Fortini
Dinorá Adelaide Musetti Grotti
Diogo de Figueiredo Moreira Neto (*in memoriam*)
Egon Bockmann Moreira
Emerson Gabardo
Fabrício Motta
Fernando Rossi
Flávio Henrique Unes Pereira
Floriano de Azevedo Marques Neto
Gustavo Justino de Oliveira
Inês Virgínia Prado Soares
Jorge Ulisses Jacoby Fernandes
Juarez Freitas
Luciano Ferraz
Lúcio Delfino
Marcia Carla Pereira Ribeiro
Márcio Cammarosano
Marcos Ehrhardt Jr.
Maria Sylvia Zanella Di Pietro
Ney José de Freitas
Oswaldo Othon de Pontes Saraiva Filho
Paulo Modesto
Romeu Felipe Bacellar Filho
Sérgio Guerra
Walber de Moura Agra

FÓRUM
CONHECIMENTO JURÍDICO

Luís Cláudio Rodrigues Ferreira
Presidente e Editor

Coordenação editorial: Leonardo Eustáquio Siqueira Araújo
Aline Sobreira de Oliveira

Rua Paulo Ribeiro Bastos, 211 – Jardim Atlântico – CEP 31710-430
Belo Horizonte – Minas Gerais – Tel.: (31) 2121.4900
www.editoraforum.com.br – editoraforum@editoraforum.com.br

Técnica. Empenho. Zelo. Esses foram alguns dos cuidados aplicados na edição desta obra. No entanto, podem ocorrer erros de impressão, digitação ou mesmo restar alguma dúvida conceitual. Caso se constate algo assim, solicitamos a gentileza de nos comunicar através do *e-mail* editorial@editoraforum.com.br para que possamos esclarecer, no que couber. A sua contribuição é muito importante para mantermos a excelência editorial. A Editora Fórum agradece a sua contribuição.

T231a   Tavares, Gustavo Machado
           Advocacia pública municipal como função essencial à justiça e a jurisprudência do Supremo Tribunal Federal / Gustavo Machado Tavares, Elisa Albuquerque Maranhão Rego. - Belo Horizonte : Fórum, 2022.
           122 p. ; 12cm x 18cm

           Inclui bibliografia.
           ISBN: 978-65-5518-480-8

           1. Direito Constitucional. 2. Direito Administrativo. 3. Advocacia Pública Municipal. 4. Supremo Tribunal Federal. 5. Jurisprudência. 6. Procuradores e Procuradoras Municipais. I. Rego, Elisa Albuquerque Maranhão. II. Título.

2022-2911   CDD 342
                                                                             CDU 342

Elaborado por Odilio Hilario Moreira Junior – CRB-8/9949

Informação bibliográfica deste livro, conforme a NBR 6023:2018 da Associação Brasileira de Normas Técnicas (ABNT):

TAVARES, Gustavo Machado; REGO, Elisa Albuquerque Maranhão. *Advocacia pública municipal como função essencial à justiça e a jurisprudência do Supremo Tribunal Federal*. Belo Horizonte: Fórum, 2022. 122 p. ISBN 978-65-5518-480-8.

Dedicamos esta obra a todos os colegas procuradores e procuradoras municipais, desde aqueles que atuam nas maiores metrópoles até os que exercem suas funções nos menores municípios da nossa federação. A existência de cada um desses e dessas no quadro permanente municipal é indispensável à efetivação da justiça constitucionalmente estabelecida.

SUMÁRIO

PREFÁCIO
José Eduardo Martins Cardozo 9

APRESENTAÇÃO
Cláudio Pereira de Souza Neto 23

INTRODUÇÃO 31

CAPÍTULO 1
A ADVOCACIA PÚBLICA NOS MUNICÍPIOS 37
1.1   Vida municipal e Federação brasileira 37
1.2   Advocacia Pública Municipal como função essencial à justiça 43
1.3   Controle interno de juridicidade – Atividade típica da Advocacia Pública 51

CAPÍTULO 2
O SUPREMO TRIBUNAL FEDERAL E A ADVOCACIA PÚBLICA MUNICIPAL 57
2.1   Função essencial à justiça – Teto remuneratório dos procuradores municipais – Tese nº 510 do Supremo Tribunal Federal (Recurso Extraordinário nº 663.696/MG, em sede de repercussão geral) 57
2.2   Primado constitucional do concurso público e Tese nº 1.010 do Supremo Tribunal Federal (Recurso Extraordinário nº 1.041.210/SP, em sede de repercussão geral) 64

CAPÍTULO 3
DA EVOLUÇÃO DA JURISPRUDÊNCIA DO SUPREMO TRIBUNAL FEDERAL 73
3.1   Da análise de conteúdo e vocabulário de motivos 74

3.2	A recorrência dos precedentes: acertos e desacertos, análises e cruzamentos..	80
3.2.1	ADI nº 881	82
3.2.2	ADI nº 4.261	83
3.2.3	RE nº 225.777/MG	87
3.2.4	RE nº 690.765/MG	91
3.2.5	RE nº 893.694/SE	91
3.2.6	RE nº 883.446/SP	95
3.3	Consolidação das análises dos precedentes reiterados ante os conteúdos e vocabulários de motivos das decisões	96
3.4	Procuradores municipais ou procuradorias municipais. Qual dessas presenças é essencial ao município?	102
CONSIDERAÇÕES FINAIS		111
REFERÊNCIAS		119

PREFÁCIO

Na ciência do direito existem temas que, embora sejam frequentemente repisados pelos juristas, acabam pairando distantes de qualquer possibilidade de consenso doutrinário. A razão disso parece ser não apenas a sua insuperável complexidade jurídica, mas o misoneísmo e o fato de que envolvem, direta ou indiretamente, questões políticas ou concepções ideológicas enviesadas. Há outros, porém, cuja complexidade ainda não chegou a ser enfrentada e desbravada. Aqui também o misoneísmo, as questões políticas e as concepções ideológicas enviesadas parecem contribuir para a manutenção desse silêncio doutrinário. Um forte exemplo deste último caso são as reflexões jurídicas sobre a ontologia, o regime jurídico e as características da advocacia pública municipal no universo federativo brasileiro.

Apesar de enraizado na nossa história pelo processo colonizador português,[1] o município foi institucionalmente menosprezado pela cópia do sistema federativo que

---

[1] É frequente reconhecer-se que a origem dos municípios remonta à antiga Roma, tendo conquistado no século I d.C. o seu nível mais alto de consolidação institucional. Com o fim do Império Romano do Ocidente, o fato de os denominados "povos bárbaros" optarem por morar no campo fez com que em Portugal os vencidos se concentrassem nas cidades, o que facilitou a conservação dos usos e costumes dos núcleos populacionais e a ideia de autogoverno. Nesse contexto, após as guerras das reconquistas, o município tornou-se uma peça de grande importância na afirmação da soberania da Coroa sobre o território português e nas disputas tratadas entre os membros da nobreza (v., por todos, ZENHA, Edmundo. *O município no Brasil (1532-1700)*. 1. ed. São Paulo: Ipê, 1948). A partir do século XIII, todavia, o início do processo de centralização do poder político ensejou a transformação da organização municipal em organizações de cunho predominantemente administrativo. Desse modo, em face dessa cultura política e da nossa extensão territorial, parece ser natural que a Coroa portuguesa incentivasse a colonização brasileira a partir de um programa fortalecedor do poder local. Sob a vigência das *Ordenações Manuelinas*, o município passou a existir no Brasil, mais tarde submetendo-se à regência das *Ordenações Filipinas*, embora esses conjuntos normativos nem sempre fossem respeitados. A nossa realidade impôs, todavia, que a função política dos municípios no Brasil-colônia, em alguma medida, adquirisse matizes diferentes da existente em Portugal.

importamos da Constituição dos Estados Unidos da América (1787). No século XIX, as colônias que haviam se tornado independentes e superado o regime monárquico viam naquela inovadora Carta Constitucional um modelo a ser seguido. Não foi diferente no Brasil. Proclamada a República, o Governo Provisório editou o Decreto nº 1, de 15.11.1899, que instituiu a Federação brasileira e criou os *Estados Unidos do Brazil*, transformando as antigas províncias em *estados-membros*. A nossa primeira Constituição republicana, em 1891, incorporou essa ideia. No seu artigo inaugural proclamou que a "nação brasileira" seria constituída pela "união perpétua e indissolúvel das suas antigas Províncias, em Estados Unidos do Brasil".[2] Com isso, os estados passaram a ser reconhecidos como as unidades regionais que deveriam concentrar o poder político.[3] Os municípios haviam perdido o seu espaço nessa nova configuração do Estado brasileiro.

Com a Revolução de 1930, a autoridade do poder central foi aumentada, propiciando uma perda do poder político para os estados. Foram instituídas normas sobre a Administração municipal que limitavam a celebração de contratos, a contratação de empréstimos, a desapropriação de bens para fins públicos, além do estabelecimento de outros

---

[2] O art. 2º dessa Carta determina que "cada uma das antigas províncias formará um Estado e o antigo Município Neutro constituirá o Distrito Federal, continuando a ser a Capital da União, enquanto não se der execução ao disposto no artigo antecedente".

[3] É bem verdade que, basicamente, desde o fim do século XVII, começou a existir um declínio acentuado do poder político municipal no nosso país, particularmente após a descoberta e a exploração das minas. As intromissões da metrópole na vida da colônia se ampliaram fortemente com a descoberta do ouro e, mais tarde, do diamante. Do mesmo modo, a vinda da Corte portuguesa em 1808 acabou propiciando um forte movimento de concentração do exercício do poder político. Entretanto, como bem observa Fabris, "nessa fase, não há ainda uma modificação na estrutura da organização municipal e, mesmo com a outorga da carta de 1824, as nossas municipalidades não sofreram transformações radicais e as Câmaras municipais continuaram a ser o centro do Poder político local". Será somente com "a lei de organização municipal de 1828 que as câmaras são declaradas corporações meramente administrativas, sendo reduzidas a simples peças da engrenagem monárquica, não podendo exercer o poder judiciário, passando, então, a serem submetidas a um rígido controle exercido pelos Conselhos Gerais, pelas Assembleias Provinciais e pelo Governo Geral, processo esse que foi denominado doutrina de tutela" (FABRIS, Paulo Roberto. Um debate acerca da história do município no Brasil. *Ciências Sociais: CCHN, UFES*, v. 1, n. 3, p. 71-95, jun. 2008).

controles sobre as ações do poder municipal.[4] A Constituição de 1934, por sua vez, embora tenha assegurado prerrogativas e a autonomia dos municípios para a eleição de vereadores e de prefeitos (com exceção das capitais e das cidades em que os prefeitos deveriam ser nomeados pelos governadores) para a fixação de certos tributos e para a decisão sobre a gestão das suas rendas e serviços próprios, em perspectiva contraposta também os submeteu a fiscalizações e fórmulas interventivas limitadoras.

Esse quadro de autonomia municipal, todavia, veio a ser drasticamente eliminado pela centralizadora e ditatorial Constituição de 1937. A eletividade dos prefeitos foi genericamente suprimida e as receitas municipais foram reduzidas, ensejando um real e efetivo "amesquinhamento do município".[5] Somente a Constituição de 1946 a recuperou, embora ainda sem que os municípios fossem formalmente reconhecidos como entes integrantes da Federação e sem a relevância política do primeiro período colonial.

Um novo retrocesso, contudo, não se fez esperar por muito tempo. Com o advento do processo de centralização política que nasceu com o golpe de Estado de 1º.4.1964, a autonomia municipal acabou sendo novamente atingida. Embora fosse assegurada pela Constituição de 1967 (alterada pela Emenda Constitucional nº 1/1969), novos termos restritivos se impuseram aos municípios, particularmente em relação ao sistema de escolha dos representantes do povo. Sob o novo regime ditatorial, os prefeitos das capitais, das estâncias hidrominerais e dos municípios declarados de interesse da segurança nacional passaram a ser nomeados pelos governadores dos estados, mediante prévia aprovação do

---

[4] CARVALHO, Orlando M. *Política do município*. 1. ed. Rio de Janeiro: Livraria Agir, 1946 apud FABRIS, Paulo Roberto. Um debate acerca da história do município no Brasil. *Ciências Sociais: CCHN, UFES*, v. 1, n. 3, p. 71-95, jun. 2008. p. 91.
[5] FABRIS, Paulo Roberto. Um debate acerca da história do município no Brasil. *Ciências Sociais: CCHN, UFES*, v. 1, n. 3, p. 71-95, jun. 2008. p. 93.

presidente da República. Poderiam, inclusive, ser exonerados, caso viessem a perder a "confiança" dessas autoridades.

Foi com a nossa Constituição cidadã de 1988 que o município passou a ter como reconhecida, de modo muito mais amplo, a sua autonomia política, administrativa e financeira.[6] Assegurando a eleição direta para prefeitos e vereadores, essa Carta editada após o fim da ditadura militar passou a admitir que cada município tivesse o direito de elaborar a sua própria "lei orgânica", um texto normativo que, em boa perspectiva jurídico-política, não deixa de ser uma verdadeira "constituição municipal".[7] Além disso, pelo seu texto, os entes municipais passaram a ser formalmente considerados membros integrantes da Federação brasileira.[8]

Essa nova realidade institucional, todavia, não permitiu a superação definitiva de algumas das contradições institucionais, jurídicas e culturais que ainda hoje marcam a nossa realidade federativa em relação aos municípios. Como afirma Dinorá Grotti, embora protegidos pelo princípio da indissolubilidade do pacto federativo, "os municípios continuam, em sua maioria, dependentes em termos econômicos, sem a mínima condição de sobreviverem sozinhos, e essa dependência atrofia o desenvolvimento de todo o mecanismo de funcionamento autônomo que lhes foi conferido".[9]

Não poderia ser diferente. Nossa história de país independente foi marcada mais por períodos autoritários do que por períodos democráticos. A nossa cultura política, da mesma maneira que ainda hoje engatinha e reluta em

---

[6] V. arts. 29 a 31, 156, 158 e 159 da CF.

[7] Anteriormente essa possibilidade era assegurada apenas no estado do Rio Grande do Sul, por força da Lei de Júlio de Castilhos, de 12.1.1897.

[8] A Constituição brasileira de 1988 declara no seu art. 1º que "A República Federativa do Brasil, formada pela união indissolúvel dos Estados e *Municípios* e do Distrito Federal, constitui-se em Estado Democrático de Direito [...]" (grifos nossos).

[9] GROTTI, Dinorá. Origem e evolução do município no Brasil. *In*: NASCIMENTO, Carlos Valder do; DI PIETRO, Maria Sylvia Zanella; MENDES, Gilmar Ferreira (Coord.). *Tratado de direito municipal*. Belo Horizonte: Fórum, 2018. p. 80.

incorporar definitivamente uma concepção republicana que estabeleça uma clara distinção entre o que pertence ao mundo público e o que pertence ao mundo privado, também continua a ser fortemente influenciada por valores e posturas autoritários. Um texto normativo, mesmo que de natureza constitucional, *per se*, não produz a eliminação de valores enraizados nas visões de mundo que majoritariamente predominaram ao longo dos tempos em uma sociedade. Ele sempre será, sem sombra de dúvidas, uma peça instrumental importante para que se afirme juridicamente o que doravante *deve ser* feito. Só que nem sempre a força das palavras escritas em folhas de papel ou nas telas dos computadores adquire a dimensão de ganhar a realidade para transformá-la de imediato. Nem sempre o que "deve ser" acaba "sendo" ou efetivamente "é" na realidade da vida. Anos de decantação quase sempre são necessários para que as antigas mentalidades e os velhos valores abandonem de vez a cultura de um povo, de modo a fazer com que as ideias distorcidas por uma ideologia dominante sejam sepultadas.

É o que acontece com o autoritarismo no nosso país. Parecia ter sido definitivamente sepultado, mas jazia em estado latente. Simples fagulhas incendiárias espalhadas por espíritos rudes podem acordá-lo em toda a sua monstruosidade, fazendo com que ele se erga da sepultura carcomida em que estava guardado e passe a contaminar as mentes obliteradas que rezam pela cartilha do dogmatismo e da insensatez. A produção de reflexões críticas não é algo facilmente encontrável nas atividades mentais humanas. Pode-se dizer até que seria um privilégio, especialmente em tempos de recrudescimento da imbecilização radicalizada. Afinal, como se diz, a natureza foi injusta ao não impor à estupidez limites idênticos aos que atribuiu à inteligência dos *homo sapiens*.

Seja como for, a verdade é que em todo o nosso período republicano, inclusive após a Constituição de 1988, por força do grande enraizamento de valores autoritários na nossa cultura política, o município sempre foi considerado o "irmão mais fraco" na nossa Federação. A importação acrítica do modelo constitucional estadunidense contribuiu muito e ainda hoje continua a contribuir com essa crença. Um país que foi historicamente construído a partir do empoderamento municipal abrigou-se institucionalmente em um modelo federativo *prêt-a-porter* que excluía os municípios como entes dotados de capacidade política. Agiu o Brasil republicano como os que vestem as roupas de parentes mais velhos apesar de serem mais gordos e mais baixos. Deixam a descoberto, pela falta de panos, algumas partes do seu corpo. E pela sobra do tecido que a outras recobre, lembram as mortalhas confeccionadas para defuntos menores.

Os municípios nunca foram plenamente incorporados à nossa estrutura federativa, a despeito do reconhecimento formal feito pela Constituição de 1988. Ao contrário da União e dos estados, esses entes não possuem um Poder Judiciário nem representantes eleitos para atuar em seu nome no Congresso Nacional. Apesar da sua reconhecida autonomia, na maior parte das vezes, se tornam política e financeiramente dependentes das outras esferas federativas, nunca se qualificando como polos geradores de poder político em grandeza igual ou mesmo equivalente aos estados-membros e à União.

Há que se observar que essa situação federativa atípica, ao ser exposta e submetida a uma cultura político-jurídica historicamente vinculada a raízes autoritárias, acaba por ensejar interpretações jurídicas limitadoras e castradoras dos entes municipais, por vezes indo-se muito além do que se poderia admitir a partir dos marcos normativos estabelecidos pela Constituição de 1988. Com muita frequência os exegetas são mais realistas que o "rei-legislador". Isso explica a razão pela qual, a despeito da reconhecida aplicação do princípio da simetria federativa, muitos dos institutos jurídicos aplicados ao Congresso Nacional e às Assembleias Legislativas não sejam habitualmente considerados aplicáveis em âmbito municipal, mesmo sem a apresentação de um embasamento teórico coerente ou minimamente adequado.[10]

É necessário que se perceba que essa realidade federativa municipal, culturalmente rebaixada por vieses ideológicos autoritários, ao ser associada ao exercício da advocacia pública acaba propiciando choques teórico-institucionais de difícil equacionamento.

De fato, o exercício da advocacia pública, em quaisquer das suas perspectivas federativas, suscita questões difíceis que necessitam ser elucidadas e equacionadas. Uma delas – talvez a mais importante – diz respeito à sua própria ontologia. Ao contrário de magistrados, advogados devem atuar com *parcialidade* na defesa dos interesses que representam. Podem não assumir a defesa de causas que os repugnem ou que contrariem os seus princípios éticos. Contudo, ao assumi-las, devem atuar com esmero e dedicação na defesa dos interesses dos seus clientes para que os pratos formais da Justiça estejam equilibrados para o bom exercício da função jurisdicional.[11] Só que o advogado público também deve atuar na defesa prioritária dos interesses públicos expressos em lei. Deve sempre agir, em alguma medida, como *custos legis*, ou seja, como um guardião *interna corporis* da aplicação da lei.

Donde afirmarmos que existe uma *dimensão estrutural esquizofrênica na atuação dos advogados públicos nos Estados democráticos de direito*. Devem ser "parciais" na defesa dos interesses do ente que representam, cuja vontade jurídica e as ações, em última instância, são determinados por autoridades eleitas pelo povo. Ao mesmo tempo, tem o dever de dizer "imparcialmente" que certas decisões governamentais não devem ser implementadas em todos os casos em que a

---

[10] Veja-se, por exemplo, a tendência de se restringir os poderes das investigações parlamentares realizadas por comissões temporárias das câmaras municipais (comissões especiais de inquérito ou comissões parlamentares de inquérito).

[11] Obviamente, esse equilíbrio dos pratos da balança da justiça não passa de uma visão ideológica, na medida em que, na realidade da vida, as condições sociais das partes litigantes ou outras condições sociais ou conjunturais existentes raramente possibilitam esse equilíbrio.

Constituição e a lei sejam descumpridas. Em outras palavras: devem ser, simultaneamente, "parcialmente imparciais" no exercício das suas funções.

Ora, o que significa ser "parcialmente imparcial"? Por certo, essa resposta não é simples e exige uma sofisticada reflexão que estabeleça, com alguma nitidez, a fronteira entre a parcialidade e a imparcialidade para que a equação final orientadora da *praxis* do advogado público possa ser tida como equilibrada e razoável.

A delicadeza dessa situação ainda mais se agravará, certamente, se nos dermos conta de que a *imparcialidade* se traduz em comportamentos *objetivos* sempre desejados e esperados no exercício das funções de um Estado democrático de direito. Ela não se confunde com *a neutralidade* do pensamento, uma realidade *subjetiva* que, segundo hoje nos ensina a psicologia cognitiva, jamais poderá ser alcançada pelo pensamento humano. Por isso, advogados públicos, juízes e membros do Ministério Público, no exercício das suas funções, nunca serão "neutros", por mais que estejam convencidos ou tentem convencer do oposto. Sempre interpretarão as leis que orientam o seu agir a partir da sua própria visão de mundo, influenciados pelas ideologias dominantes, por seus problemas psicológicos, por suas intuições e por atalhos *holísticos*, incorrendo como quaisquer seres humanos falíveis naquilo que frequentemente especialistas denominam de "vieses cognitivos". Pergunta-se, então: como pessoas "não neutras" devem atuar no exercício da advocacia pública para que possam ser "parcialmente imparciais"?

Não é por mero acaso, assim, que muitos advogados públicos acabam entrando em rota de colisão com os governantes ou se acumpliciando com os seus desmandos. O *break even point* a ser encontrado na busca de uma solução para essa equação cotidianamente enfrentada pelos que exercem a advocacia pública não é uma tarefa simples. Normalmente é o talento natural desses causídicos, sintetizado pela soma de uma sólida compreensão racional do direito com razoáveis doses de inteligência emocional, que acaba sendo o único guia que os orienta. Deveras, faltam reflexões acadêmicas mais aprofundadas sobre esse tema que possam ser pragmaticamente utilizadas, sempre que advogados públicos naveguem em mares revoltos, como uma bússola eficaz.

Donde caracterizar-se o problema que aventamos logo ao início do texto: *o exercício da advocacia pública de âmbito municipal, em dimensão maior do que ocorre com outras esferas da advocacia pública, está ainda à espera de ser analisado e desbravado. Por ser exercida junto ao ente mais fragilizado da Federação, o misoneísmo, as questões políticas e as concepções ideológicas enviesadas contribuem ainda mais para a manutenção do relativo silêncio doutrinário que envolve esse tema.* Muito pouco se escreveu e se tem escrito sobre a ontologia, o regime jurídico e as características peculiares da advocacia pública municipal e a sua eventual distinção em relação à advocacia pública realizada em outras esferas federativas. Somente esses fatores podem explicar esse fato.

É indiscutivelmente na advocacia pública municipal, especialmente nos municípios que não são dotados de estruturas orgânicas mais sólidas na área jurídica ou de um desenvolvimento de culturas organizativas mais respeitosas com a atuação dos advogados públicos, que são travados, cotidianamente, os maiores e mais tensos embates entre governantes e procuradores. Para estes últimos, a opção entre a subserviência que acumplicia e a execração ensejadora de perseguições políticas frequentemente se colocam como a única alternativa possível. Prefeitos e secretários não entendem o papel dos advogados públicos; advogados públicos não têm clareza do papel que devem seguir diante dos governantes eleitos. Em que medida um advogado público deve ser um advogado do Estado e não do governo é a questão central que alimenta essa tensão permanente e aparentemente insuperável.

E o que é pior: é evidente que a sanha privatista que pretende passar para advogados privados o exercício da defesa *da res publica* ataca primeiro os entes mais fragilizados da Federação. Os municípios são a presa mais fácil a ser abocanhada pela voracidade privada, particularmente em face de governantes que, desejosos de tomarem a coisa pública como "sua", querem ter, a seu lado, advogados que possam chamar de "seus". Não querem se deparar com "advogados do Estado" que, escolhidos por concurso público, podem não ter nenhum compromisso com os seus interesses pessoais ou políticos.

Não foi por acaso, assim, que recentemente foi editada a absurda Lei federal nº 14.341/2022 que admitiu a criação da estranha figura da *Associação de Representação dos Municípios* (ARM), um ente que terá como uma das suas principais finalidades a busca de uma real "privatização" da advocacia pública municipal.[12]

Foi por esse conjunto de razões que recebi com grande felicidade o convite para prefaciar a presente obra. Escrita por dois eminentes procuradores municipais, Gustavo Machado Tavares e Elisa Albuquerque Maranhão Rego, ela coloca luz em alguns dos problemas mais importantes que hoje atingem a advocacia pública municipal, eliminando o silêncio obsequioso que doutrinariamente ainda predomina sobre esses temas. Com talento e conhecimento jurídico foram abordados problemas tormentosos, sempre tomando como referência os mais significativos julgados proferidos pelas nossas Cortes Superiores e a melhor doutrina.

Mas o que ainda mais encanta nessa obra é o fato de que os autores, honestamente assumindo a impossibilidade de desenvolverem exegeses cientificamente "neutras", acabaram por explorar ao máximo, a ponto de gerar convencimento em quem a lê, as interpretações normativas

---

[12] V. nosso artigo "ARM: o ente municipal pode renunciar às procuradorias?", escrito em conjunto com o Prof. Eduardo Lasmar Prado Lopes (CARDOZO, José Eduardo Martins; LOPES, Eduardo Lasmar Prado. ARM: o ente municipal pode renunciar às procuradorias? *Jota*, 26 jul. 2022. Disponível em: www.jota.info/opinião-e-analise/artigos;arm-o-ente-municipal-pode-renunciar-as-procuradorias-26072022).

favoráveis ao fortalecimento dos entes municipais e da sua autonomia. *Respeitando os limites constitucionais vigentes, trataram os municípios e seus procuradores não como "inferiores" ou "irmãos menos favorecidos" da Federação. Foram tratados como "equivalentes" dos estados e da União, postura jurídica com a qual sempre concordamos e nunca tivemos qualquer dificuldade de defender nos diferentes momentos da vida em que fomos chamados a debatê-la.*

Também nessa obra, assumem os seus autores a correta premissa de que a advocacia pública municipal é uma função essencial à Justiça, superando visões misoneístas e ideologicamente distorcidas. Por isso, acertadamente, defendem que "os Procuradores Municipais devem ser reconhecidos como integrantes das atividades essenciais à Justiça, estando previstos implicitamente no art. 132 da Carta Constitucional", o que leva à consequência de que seria "uma discriminação perversa" o não reconhecimento dessa situação, uma vez que estes profissionais "desempenham atribuições idênticas aos Advogados Públicos Estaduais ou Federais". Combatem, assim, com vigor, a ideologia autoritária que trata os entes municipais como seres inferiores em uma estrutura federativa que, por definição, não admite a hierarquia entre os seus entes.

Tangenciando o problema da "esquizofrenia estrutural" da advocacia pública, Gustavo e Elisa, com maestria, enfrentam o problema do controle interno de juridicidade dos atos administrativos pela advocacia pública municipal, realizando uma abordagem atualizada do tema. Demonstram como "Procuradores Municipais, tais como Procuradores Estaduais e os Advogados da União", têm o dever de atuar no controle interno da legalidade dos atos administrativos praticados pelos municípios.

Abordam os autores desta obra, ainda, de modo igualmente corajoso e competente:

a) a intrincada discussão sobre o "teto remuneratório dos Procuradores Municipais", a partir da exegese do art. 37, XI, da CF. Analisam para tanto os mais recentes julgados do nosso Pretório Excelso, considerando a correta ótica da "simetria de tratamento constitucional da Advocacia Pública Federal, Estadual e Municipal";[13]
b) a necessidade de que as procuradorias sejam constituídas por um corpo de procuradores efetivos, escolhidos mediante concurso público;[14]
c) a evolução da jurisprudência do nosso Pretório Excelso em torno da advocacia municipal, a partir de um alentado e minucioso estudo que revela a existência de "uma nítida confusão no tratamento jurisprudencial sobre a exclusividade para o exercício das atribuições da Advocacia Pública Municipal e a obrigatoriedade de implementação dos órgãos das Procuradorias Municipais".[15]

Não se pode ignorar que muito ainda precisamos caminhar, do ponto de vista institucional e legislativo, para que os municípios venham a adquirir, no nosso país, uma dimensão político-institucional equivalente à dos estados-membros e da própria União. Certamente, se as interpretações feitas por exegetas e operadores do direito em relação aos aspectos institucionais e jurídicos que envolvem a atuação dos entes municipais e a advocacia pública que os serve forem menos apegadas a valores culturais já superados e à tradição, certamente, muito já se terá avançado.

Por isso, não temos nenhuma dificuldade de afirmar que a presente obra é muito mais que um trabalho jurídico de excelente qualidade. Ela constrói um importante e sólido piso para que novas e importantes reflexões sejam empreendidas,

---

[13] Capítulo 2, item 2.1.
[14] Capítulo 2, item 2.2
[15] Capítulo 3.

a partir de uma ótica não autoritária e amesquinhadora, sobre o papel dos municípios na Federação brasileira.

Assim, *Advocacia Pública Municipal*, de Gustavo Machado Tavares e Elisa Albuquerque Maranhão Rego, é um livro que merece ser lido e dissecado não apenas por aqueles que desejam conhecer melhor o tema que aborda, mas por todos os que querem construir um Brasil menos autoritário e mais democrático.

São Paulo, setembro de 2022.

José Eduardo Martins Cardozo
Advogado, Palestrante e Professor de Direito da PUC-SP, Uniceub/DF e ESPM/SP. Ex-Ministro de Estado da Justiça e Ex-Advogado-Geral da União. Foi Procurador municipal, Chefe da Assessoria Jurídica da Secretaria dos Negócios Jurídicos do Município de São Paulo, Vereador, Presidente da Câmara Municipal de São Paulo e Deputado Federal.

APRESENTAÇÃO

Gustavo Machado Tavares é procurador do Município de Recife e presidente da Associação Nacional dos Procuradores Municipais. Elisa Albuquerque Maranhão Rego é procuradora do Município de Camaragibe. A experiência no exercício da advocacia pública fez com que os autores pudessem oferecer ao público a presente obra, caracterizada não só pelo rigor acadêmico e a precisão textual, mas também pelo tratamento prático dos temas examinados. Munidos dessa experiência, os autores examinam a importante jurisprudência recentemente produzida pelo STF a respeito da advocacia pública municipal.

Um dos principais julgados do Supremo Tribunal Federal examinados na obra que ora se apresenta é o acórdão proferido no julgamento do RE nº 663.696-MG, em que a Corte, em sede de repercussão geral – Tese nº 510, reconheceu que os procuradores municipais possuem estatura constitucional, figurando no âmbito das "funções essenciais à justiça", previstas no art. 132 da Constituição da República.[16] Isso significa dizer que advocacia pública municipal se encontra prevista na Constituição Federal de 1988.[17]

---

[16] O Tema nº 510 da Repercussão Geral foi estabelecido nos seguintes termos: "A expressão 'Procuradores', contida na parte final do inciso XI do art. 37 da Constituição da República, compreende os Procuradores Municipais, uma vez que estes se inserem nas funções essenciais à Justiça, estando, portanto, submetidos ao teto de noventa inteiros e vinte e cinco centésimos por cento do subsídio mensal, em espécie, dos Ministros do Supremo Tribunal Federal" (RE nº 663.696, REL. MIN. Luiz Fux, j. 28.2.2019, P. *DJe*, 22 ago. 2019. Tema nº 510).

[17] Em trecho do acórdão do mencionado RE nº 663.696/MG, o Supremo Tribunal Federal assentou: "Os procuradores municipais integram a categoria da Advocacia Pública inserida pela Constituição da República dentre as cognominadas funções essenciais à Justiça, na medida em que também atuam para a preservação dos direitos fundamentais e do Estado de Direito".

Estabelecida essa premissa constitucional, tem-se, como decorrência lógica e impositiva, que o conjunto de prerrogativas e disposições constitucionais da advocacia pública se aplicam também aos procuradores municipais. Não teria sentido reconhecer que os procuradores municipais integram as *funções essenciais à Justiça* apenas para se definir o teto remuneratório (como ocorreu no Tema nº 510), deixando de lhes cominar o conjunto de prerrogativas da advocacia pública previsto constitucionalmente.

Do precedente acima, resulta a necessidade de se conferir simetria de tratamento entre a advocacia pública federal, a estadual e a municipal. Não por outra razão, o Ministro Luiz Fux, relator do RE nº 663.696/MG, asseverou em seu voto ser "imperativo que todas as disposições pertinentes à Advocacia Pública sejam aplicadas às Procuradorias Municipais, sob pena de se incorrer em grave violação à organicidade da Carta Maior". Do contrário, teria lugar "discriminação perversa", e, como lembra o Ministro Carlos Mário da Silva Velloso,[18] "o direito não admite perversidades".

A partir da análise de julgados como esse, os autores sustentam, com razão, que a Constituição Federal de 1988 adota um modelo de advocacia pública que a caracteriza como advocacia de Estado.[19] Os advogados públicos, também em âmbito municipal, atuam sobretudo como curadores do interesse público primário;[20] defendem o interesse público

---

[18] VELLOSO, Carlos Mário da Silva. Procurador municipal – teto de remuneração – inteligência do art. 37, inciso XI, da Constituição Federal. *In*: NASCIMENTO, Carlos Valder do; DI PIETRO, Maria Sylvia Zanella; MENDES, Gilmar Ferreira (Coord.). *Tratado de direito municipal*. Belo Horizonte: Fórum, 2018. p. 466.

[19] Cf.: MOREIRA NETO, Diogo de Figueiredo. A advocacia de Estado revisitada: essencialidade ao Estado Democrático de Direito. *In*: GUEDES, Jefferson Carús; SOUZA, Luciane Moessa (Coord.). *Advocacia de Estado*: questões institucionais para a construção de um Estado de Justiça. Belo Horizonte: Fórum, 2009.

[20] A distinção entre interesse público primário e interesse público secundário se deve a Renato Alessi: ALESSI, Renato. *Principi di diritto amministrativo*: I soggetti attivi e l'esplicazione della funzione amministrativa. 4. ed. Milano: Giuffrè, 1978. t. I; *Sistema istituzionale del diritto amministrativo italiano*. 3. ed. Milano: Giuffrè, 1960. No Brasil, a distinção foi divulgada por: BANDEIRA DE MELLO, C. A. *Curso de direito administrativo*. São Paulo: Malheiros, 2005. Na jurisprudência brasileira, trata-se de distinção amplamente adotada: "[...] 8. A

perenemente, não apenas no espaço de tempo de uma gestão ou no de um contrato administrativo. A procuradoria municipal é instituição constituída com a finalidade de defender permanentemente a municipalidade. Os autores apresentam a questão nos seguintes termos:

> O constituinte brasileiro, reconhecendo a tutela do interesse estatal enquanto função essencial à justiça, elevou a institucionalização da investidura dos membros da Advocacia Pública ao nível constitucional, exteriorizando a relevância de sua atividade no contexto institucional brasileiro.
>
> Não por outra razão, a Carta Magna cuidou de maneira singular das funções essenciais à justiça, dedicando um capítulo específico ao tema – Capítulo IV, no qual tratou, em sua Seção II, da Advocacia Pública (arts. 131 e 132).
>
> No que tange às atividades de consultoria jurídica e fiscalização da legalidade interna dos atos da Administração Pública, tais atribuições devem ser desempenhadas por agentes públicos investidos em caráter efetivo, na forma estabelecida pelo art. 132 da CRFB/88, para que possam atuar com independência e sem temor de serem exonerados *ad libitum* pelo chefe do Poder Executivo local pelo fato de haver exercido, legitimamente e com inteira correção técnica, os encargos irrenunciáveis inerentes às suas relevantes funções institucionais.
>
> Em qualquer âmbito federativo, a efetiva concretização dos princípios constitucionais pertinentes à Administração Pública é viabilizada através do exercício regular e idôneo da atividade de Advocacia Pública, haja vista que a representação e consultoria jurídica exercidas por um corpo de procuradores efetivos, pautados eminentemente pela técnica e despidos de anseios políticos e econômicos, proporciona ao Estado lisura e retidão no cumprimento da lei e na defesa de seus interesses, além de resguardar sua memória jurídica. [...]
>
> Em suma, diante da importante envergadura da função desempenhada pela Advocacia Pública, a Constituição Federal (art. 132) tratou de

---

escorreita exegese da dicção legal impõe a distinção jus-filosófica entre o interesse público primário e o interesse da administração, cognominado 'interesse público secundário'. [...] 9. O Estado, quando atestada a sua responsabilidade, revela-se tendente ao adimplemento da correspectiva indenização, coloca-se na posição de atendimento ao "interesse público". Ao revés, quando visa a evadir-se de sua responsabilidade no afã de minimizar os seus prejuízos patrimoniais, persegue nítido interesse secundário, subjetivamente pertinente ao aparelho estatal em subtrair-se de despesas, engendrando locupletamento à custa do dano alheio. 10. Destarte, é assente na doutrina e na jurisprudência que indisponível é o interesse público, e não o interesse da administração. [...]" (MS nº 11.308/DF, Rel. Ministro Luiz Fux. *DJe*, 19 maio 2008).

delinear e discriminar as atribuições que lhe são inerentes, consideradas, pois, indisponíveis e intransferíveis a outrem que não os próprios procuradores efetivos da respectiva unidade federativa. Longe de ser um privilégio, são, a bem da verdade, prerrogativas inerentes e essenciais aos órgãos de caráter permanente e próprio de Estado.

Não se deve, pois, analisar e interpretar o art. 132, da Constituição Federal, de forma isolada e apartada do sistema jurídico. Ao revés, deve ser conjugado com os demais dispositivos do sistema constitucional, para que, a partir disso, tenha-se uma verdadeira interpretação sistemática das normas que tratam das funções essenciais à justiça.

As funções institucionais da advocacia pública estão relacionadas aos dois valores fundamentais de qualquer democracia constitucional: a) legitimidade democrática e governabilidade, promovida pela advocacia pública ao mediar a integração entre o direito e as políticas públicas definidas pelos agentes políticos democraticamente eleitos; e b) controle de juridicidade dos atos do poder público.[21] O interesse público primário é preservado não só pela atuação da advocacia pública em juízo. Dá-se também por intermédio das atividades consultivas e de assessoramento jurídico:[22] as políticas públicas concebidas pelos prefeitos são examinadas à luz da legislação, o que serve à proteção do interesse público, além de proteger os próprios governantes que, tomando conhecimento das exigências decorrentes da legislação, se previnem de eventual responsabilização futura.

A advocacia pública, por meio de "controle jurídico intraorgânico",[23] é especialmente responsável pela atribuição

---

[21] Cf. BINENBOJM, G. A advocacia pública e o Estado Democrático de Direito. *Revista Brasileira de Direito Público*, v. 8, n. 31, out. 2010. p. 2; SILVA, J. A. A advocacia pública e o Estado Democrático de Direito. *Revista de Direito Administrativo*, Rio de Janeiro, v. 230, out./dez. 2002. p. 284.

[22] Segundo Paulo Lôbo, "Assessoria jurídica é espécie do gênero advocacia extrajudicial, pública ou privada, que se perfaz auxiliando quem deva tomar decisões, realizar atos ou participar de situações com efeitos jurídicos, reunindo dados e informações de natureza jurídica, sem exercício formal de consultoria. Se o assessor proferir pareceres, conjuga a atividade de assessoria em sentido estrito com a atividade de consultoria jurídica" (LOBO, P. *Comentários ao Estatuto da Advocacia e da OAB*. 4. ed. São Paulo: Saraiva, 2008).

[23] Cf. SILVA FILHO, D. B. A advocacia pública e o controle de juridicidade das políticas públicas. *Revista da Procuradoria Geral do Estado de São Paulo*, n. 71, p. 85-109, jan./jun. 2010.

de maior segurança jurídica aos atos do poder público. Ao passar pelo crivo de consultoria jurídica institucionalmente comprometida com o interesse público primário, as políticas públicas ganham em consistência, tornando-se juridicamente sustentáveis em ambientes litigiosos, o que propicia ao administrador público imprimir maior agilidade na implementação do plano de governo com o qual se sagrou vitorioso nas urnas. Os autores são precisos quanto ao tema:

> A autotutela, poder de a Administração Pública controlar a legalidade, conveniência e oportunidade de seus próprios atos, seja anulando-os quando maculados de vícios, seja revogando-os por razões de discricionariedade administrativa, requer e demanda a atuação de agentes públicos que carreguem, entre as suas atribuições, análise jurídica do ato administrativo em si e de suas repercussões.
>
> E para tanto não são apenas necessários conhecimento do direito e da correção de sua aplicação, mas também, de igual maneira, a memória jurídica, a história e a realidade do ente público, de modo a ensejar um controle interno mais apurado e efetivo das posturas administrativas.
>
> Merece registro que a Lei Federal nº 13.655/2018, ao inserir diversos dispositivos na Lei de Introdução às Normas do Direito Brasileiro, reforçou ainda mais a necessidade da atuação da Advocacia Pública no controle interno de juridicidade dos atos administrativos, porquanto passou a exigir o exame prévio das consequências jurídicas e administrativas da decisão de invalidação do ato, não bastando a análise com valores jurídicos abstratos.
>
> O exame técnico das consequências práticas da decisão de invalidação do ato administrativo exige, por certo, a atuação de agentes públicos (tais como os advogados públicos) com vínculos não precários e com conhecimento técnico-jurídico da origem e das razões fáticas e embasamento jurídico que levaram à edição de tal ou qual ato, a fim de que se viabilize tanto quanto possível aquilatar todos os efeitos jurídicos e administrativos eventualmente oriundos de possível anulação ou revogação do ato administrativo.

Há anos, o enfretamento da corrupção se tornou uma das principais preocupações nacionais. Todavia, o seu enfrentamento somente pela via repressiva produz efeitos indesejados gravíssimos, a exemplo do estímulo à formação de um sentimento antipolítica que enfraquece as bases sociais do regime democrático.[24] A recorrência de casos de corrupção, com a consequente responsabilização dos gestores, também provoca o efeito indesejável de fazer com que, temerosos, os servidores adotem condutas excessivamente ortodoxas, minando o grau de flexibilidade de que a administração necessita para realizar o princípio da eficiência e, assim, evitar a paralização ou atrasos significativos na implementação de políticas públicas essenciais. O caminho não é, evidentemente, atenuar o enfrentamento à corrupção, mas aprimorar os mecanismos de controle interno,[25] sobretudo os de natureza preventiva, desonerando o sistema da tendência indesejável de hipertrofia da persecução criminal.

A advocacia pública, em especial no plano municipal, exerce importante papel no enfrentamento da corrupção, sobretudo ao prestar assessoramento ao gestor, evitando que ilegalidades tenham lugar no processo de tomada de decisões e, assim, assegurando a realização do interesse público que lhe é dado curar.[26] Para exercer essas importantes atribuições,

---

[24] A esse respeito, Warde apresenta o seguinte diagnóstico: "É por isso que combater a corrupção é como combater um câncer. É necessário matar o câncer sem matar o paciente, sob a dificuldade extraordinária de que ambos – o câncer e o paciente – habitam o mesmo corpo. [...] No contexto de corrupção sistêmica, como a nossa, que perpassa os sistemas econômicos a partir de algumas das mais importantes organizações empresariais do país, em suas relações com o estado, o seu combate – quando indiferente às melhores técnicas disponíveis – será capaz de causar, como tem causado, grave deterioração dos ambientes político-jurídico, econômico e social" (WARDE JÚNIOR, W. *O espetáculo da corrupção*: como um sistema corrupto e ao modo de combatê-lo estão destruindo o país. Rio de Janeiro: Le Ya, 2018. p. 37).

[25] Cf. OLIVIERI, C. Combate à corrupção e controle interno. *Cadernos Adenauer*, n. 3, 2011.

[26] Como sustenta Torres, "O prévio exame das minutas, pelo órgão de assessoramento jurídico, é de suma importância, pois permite um controle preventivo da legalidade, evitando relações contratuais ilegais, equivocadas ou prejudiciais ao interesse público. Assim, imagina-se evitar a concretização de ato danoso ao Erário e a materialização de prejuízos que a atuação repressiva, na maioria das vezes, não consegue recuperar" (TORRES, R. C. L. *Leis de licitações públicas comentada*. Salvador: JusPodivm, 2017). O ponto é enfatizado também por Pieroni e Silva: "O país precisa sair do lugar comum da agenda revanchista e começar a preocupar-se em aprimorar outros meios que tornem a proteção ao erário mais eficaz, de modo que a Advocacia Pública possa atuar ao lado dos órgãos de gestão governamental, gozando de proteção institucional adequada para utilizar os instrumentos administrativos e judiciais à disposição que encurtam os espaços da corrupção" (PIERONI, F. L.; SILVA, M. T. Advocacia de Estado contra a corrupção. *Migalhas*, 2 mar. 2020). Cf., ainda: SOARES, P. V. Advocacia pública se consolida no combate à corrupção. *Jota*, 16 fev. 2019.

é imprescindível que os profissionais sejam dotados de garantias. Apenas servidores integrantes de carreiras de estado, selecionados por meio de concurso público, possuem a independência necessária para fazer frente a pressões oriundas de setores da política e das empresas interessadas em interações irregulares com o poder público. Por isso, a atribuição, no tocante ao controle da compatibilidade da atuação administrativa com o direito vigente, deve ser cominada a procuradores de carreira, concursados, munidos de plenas garantias de independência funcional.

Todos esses temas são examinados com propriedade no livro dos Drs. Gustavo e Elisa. Nas páginas que se seguem, o leitor encontrará subsídios não apenas para a conformação da advocacia pública municipal, como carreira de Estado e função essencial à Justiça, mas também elementos decisivos para a organização da administração municipal, de modo a garantir a plena observância de princípios como a legalidade, a moralidade, a impessoalidade e a eficiência. É ler e conferir.

Brasília, setembro de 2022.

Cláudio Pereira de Souza Neto
Advogado. Professor de Direito Constitucional da Universidade Federal Fluminense.

INTRODUÇÃO

Este é um livro elaborado com objetivo claro e concreto: discutir a dimensão constitucional da Advocacia Pública Municipal, distinguindo a estruturação de procuradorias, como órgão, e a presença do procurador municipal, como agente público, tensionando esses conteúdos com julgados paradigmas do Supremo Tribunal Federal.

É importante ressaltar, antes de qualquer avanço, que os autores são procuradores municipais, o que, em tese, leva a um ponto de partida de interesse da categoria e ao mesmo tempo materializa vivências jurídicas e fáticas da função. Isso, porém, não implica enviesamento que venha a contaminar o trabalho, visto que a pretensão de neutralidade do modelo weberiano não subsiste, afinal, todos são curiosos sobre funcionamento da sociedade – "cientistas sociais e cidadãos comuns usam rotineiramente não somente mapas, mas também uma grande variedade de outras representações da realidade social" – e os dados obtidos na pesquisa sobre esta realidade vão depender de quem "fala por eles, interpretando seus significados".[1]

---

[1] BECKER, Howard. *Falando da sociedade*. Ensaios sobre as diferentes maneiras de representar o social. Rio de Janeiro: Zahar, 2009. p. 26.

Estas preocupações dizem respeito ao *status* científico da moderna investigação social, que se apegam ao rigorismo do método para justificar o purismo, desapercebendo-se dos espaços espontâneos de criatividade do pesquisador em interação com o universo pesquisado.[2]

Becker é enfático ao elaborar suas críticas à tradicional metodologia que se impõe aos estudos sociológicos, considerando-a uma "especialidade proselitizante" em que se pretende transformar pesquisas em verdadeiras máquinas, intolerantes ao erro e desconhecedoras de que alguns problemas concretos da pesquisa social apresentam-se inesperadamente, demandando do pesquisador criatividade, num movimento que denomina "autoconsciência aumentada" sobre os objetivos, limites e variáveis dos trabalhos realizados, o que leva ao desenvolvimento de outros métodos.[3]

O que se quer deixar claro é que a discussão sobre a neutralidade das ciências sociais é vastamente conhecida, e tem-se que a presença do *biases* é inevitável.

O que se quer refletir é que, mesmo que se evite, todos têm sua carga de estereótipos, cujo estoque é formado pelas experiências sociais vividas e experimentadas pelo indivíduo, o que ainda é acrescido, no caso do pesquisador, de outras tantas imagens correntes de seus círculos profissionais. Nesse sentido, "nós cientistas sociais, sempre atribuímos implícita ou explicitamente, um ponto de vista, umas perspectivas e motivos às pessoas cujas ações analisamos".[4]

E a partir da construção dos mapas e hierarquias individuais, seus elementos funcionam como normas sociais que geram conflitos com diversos outros pontos de vista das pessoas em geral, demandando assim uma permanente

---

[2] FERREL, Jeff. Morte ao método. Dilemas. *Revista de Estudos de Conflito e Controle Social*, v. 5, n. 1, p. 157-176, jan./mar. 2012.
[3] BECKER, Howard. *Métodos de pesquisa em ciências sociais*. São Paulo: Hucitec, 1993. p. 31.
[4] BECKER, Howard. *Segredos e truques da pesquisa*. Rio de Janeiro: Zahar, 2007. p. 33.

negociação da realidade a partir dos atores que apresentam interesses divergentes. A ciência social se desenvolve exatamente nesta conjuntura, tendo "toda uma dimensão iconoclasta voltada para o exame crítico e dessacralizador da sociedade".[5]

Neste sentido, é inevitável tomar partido na pesquisa,[6] pois a interpretação dos dados da realidade depende dos valores, da inclinação política e ideológica do pesquisador.

Contudo, se de um lado as subjetividades são reais na pesquisa, por outro, é necessário satisfazer algumas exigências em termos de objetividade. Como explica Luciano Oliveira – existe uma neutralidade *lato sensu* e outra *stricto sensu*, em que "a primeira, aplicada ao conjunto da atividade de investigação científica, é impossível, mas que a segunda, aplicada a um dos momentos em que se divide essa atividade, é indispensável".[7]

Popper evidenciou esta discussão ao demonstrar que a relação entre objetividade/subjetividade é um problema de disputa de autoridade no discurso das ciências, cabendo à produção de conhecimento admitir, ousar, correr o risco de apresentar-se à falseabilidade, ou seja, admitir que existe um grau de subjetividade, uma abertura a partir da qual surgirão novos problemas que independem do querer do sujeito que analisa, demandando novas construções, as quais implicam novos problemas e assim sucessivamente – "devemos distinguir entre a racionalidade como atitude pessoal (que, em princípio, todos os homens são capazes de compartilhar) e o princípio da racionalidade".[8]

---

[5] VELHO, Gilberto. Observando o familiar. *In*: NUNES, E. O. (Org.). *A aventura sociológica*. Rio de Janeiro: Zahar, 1978. p. 41.
[6] BECKER, Howard. *De que lado estamos?* Uma teoria da ação coletiva. Rio de Janeiro: Zahar, 1977.
[7] OLIVEIRA, Luciano. Neutros & Neutros. *Humanidades*, Brasília, n. 19, p. 122-127, 1988.
[8] POPPER, Karl. *Escritos selectos*. Compilação de David Miller. México: Fondo de Cultura, 1995. p. 391.

Na esteira da orientação de Luciano Oliveira, na busca da objetividade possível, há de se dividir a realização da pesquisa em três momentos – problematização, pesquisa empírica e interpretação dos dados, nas quais a interferência subjetiva vai estar nas três etapas, inclusive na escolha do método[9] a ser utilizado – "não há método neutro, porque todos eles carregam entro de si uma determinada teoria, uma visão de mundo que, afinal, não é neutra". Contudo, ao escolher o método – controle factual – há de se seguir rigorosamente as técnicas deste.

Neste sentido, se é verdade que os fatos são feitos, também é verdade que esta produção/elaboração deve obedecer às regras que sejam aceitas pelo pensamento lógico, como são as da representatividade amostral, das inferências estatísticas, etc.[10] Ou seja, escolhido o método, deve este ser utilizado corretamente. Esta é a objetividade possível.

Se o conhecimento jurídico é interpretativo, e não explicativo, porque a norma jurídica não é somente a reprodução formal dos seus termos, a teoria jurídica tem o direito como uma teoria de deliberação, de decisão. Isto implica formular justificações das decisões com o fundamento de premissa menor, ora; é necessário conhecer como essas decisões e justificações são produzidas, e a pesquisa empírica se presta para tanto, a fim de que se possa entender como aplicar a lei e constatar seus limites.[11]

Desse modo, a pesquisa empírica no direito funciona tal qual uma caixa de pandora, como trata metaforicamente Carlos Alberto de Salles. A dogmática é a caixa de pandora que guarda todos os males; precisa ser um campo de conhecimento

---

[9] Por exemplo, ao escolher o questionário, supõe-se uma teoria em que os grupos e indivíduos podem ser tratados igualmente, que todos compreenderão as perguntas da mesma forma e todas as respostas têm significado idêntico, o que, porém, subtrai a realidade vivencial dos conflitos, sendo quase impossível captar as crises.

[10] OLIVEIRA, Luciano. Neutros & Neutros. *Humanidades*, Brasília, n. 19, p. 122-127, 1988.

[11] LOPES, José Reinaldo de Lima. *In*: CUNHA, Alexandre dos Santos; SILVA, Paulo Eduardo Alves da (Coord.) *Pesquisa empírica em direito*. Rio de Janeiro: IPEA, 2013.

relativamente estável, certo e preciso para produzir fundamento de decisões que em si é fundamentado num valor. Porém, tal sistema não comporta o confronto com o dado empírico, produzido na contingência do real, levando a três desestruturações, no mínimo: do discurso do jurista, ante o questionamento da imputação do valor; do sistema, dada a verificação do mal funcionamento; e consequentemente da funcionalidade da dogmática.[12]

Apesar dessas adversidades, procura-se discutir como alguns julgados paradigmáticos do Supremo Tribunal Federal repercutem essas questões no que tange à obrigatoriedade (ou não) constitucional da estruturação do órgão da Procuradoria Municipal e quanto à essencial presença de agentes públicos, legitimamente investidos no cargo de procurador municipal para o desempenho das atribuições próprias da Advocacia Pública.

Para tanto, apresenta-se o pressuposto da inserção dos procuradores municipais no quadro constitucional das funções essenciais à justiça, conforme se demonstrará através dos julgados em sede de repercussão geral do Supremo no RE nº 663.696/MG e RE nº 1.041.210/SP, dos quais emanaram as teses nºs 510[13] e 1.010.

Assim, desenvolve-se o entendimento de que os procuradores municipais desempenham idênticas atribuições de seus congêneres da União, dos estados e do Distrito Federal, no contencioso judicial e na consultoria jurídica, razão pela qual lhes deve ser atribuída a mesma envergadura constitucional, enquanto carreira essencial ao Estado democrático de direito, através da interpretação lógico-sistemática da Constituição.

---

[12] SALLES, Carlos Alberto de. *In*: CUNHA, Alexandre dos Santos; SILVA, Paulo Eduardo Alves da (Coord.) *Pesquisa empírica em direito*. Rio de Janeiro: IPEA, 2013.
[13] BRASIL. STF. *Inteiro teor do RE 663.696/MG*. Disponível em: https://jurisprudencia.stf.jus.br/pages/search/repercussao-geral3821/false. Acesso em: 21 fev. 2022.

A metodologia empregada neste trabalho envolve pesquisa jurisprudencial do Supremo Tribunal Federal, aprofundando-se em seus fundamentos decisórios e vocabulários e motivos. Assim, nesta obra, adota-se o método hipotético-dedutivo, a partir do qual, reconhecendo-se os fatos, identificando-se o problema, constrói-se uma solução possível e passível de comprovação.

Assim, busca-se destrinchar os julgados anteriores a 2019, que discutiam o enquadramento constitucional das procuradorias municipais, para seccionar os fundamentos e entendimentos pertinentes à necessidade de estruturação municipal do órgão da Procuradoria-Geral do Município e da vinculação constitucional das atribuições da Advocacia Pública Municipal aos ocupantes do cargo de procurador(a) municipal, os quais não podem ser confundidos, visto que ontologicamente diversos.

Exatamente visando à superação de hermenêuticas distorcidas, é que este livro busca desanuviar a referida confusão e contribuir para demonstrar a evolução da jurisprudência do Supremo Tribunal Federal sobre a relação constitucional existente entre a estruturação do órgão da Procuradoria Municipal e o efetivo desempenho, na esfera municipal, das atribuições da Advocacia Pública por servidores públicos de carreira, no caso, procuradores municipais, tendo como ponto de partida o RE nº 663.696/MG, Tese nº 510.

CAPÍTULO 1

A ADVOCACIA PÚBLICA NOS MUNICÍPIOS

1.1 Vida municipal e Federação brasileira

"A vida é um assunto local". A frase cunhada por Charles Chaplin sintetiza, em uma nota só, aspectos relacionados às demandas da população aos municípios, ao menos no que se refere à realidade fático-jurídica da federação brasileira.

É na cidade que dramas e complexidades do cotidiano surgem, concretizando-se, assim, os interesses primários e imediatos da população. Mobilidade, ordenamento e planejamento urbanos, moradia, desigualdades sociais, violência, poluição e meio ambiente, exclusão social, entre outros, são problemas reais e de alçada municipal. Não por acaso, Ivo Dantas e Gina Gouveia Pires de Castro afirmam "[...] que o município traz na sua administração os problemas do cotidiano, ligados diretamente às pessoas que nele residem, o que não acontece quando se pensa na União e no estado".[14]

Isso é tão pujante que Roque Antônio Carrazza, citando Rui Barbosa, já expressou:

---

[14] DANTAS, Ivo; CASTRO, Gina Gouveia Pires de. Os municípios e a federação brasileira: a importância desses no contexto constitucional brasileiro. *In*: NASCIMENTO, Carlos Valder do; DI PIETRO, Maria Sylvia Zanella; MENDES, Gilmar Ferreira (Coord.). *Tratado de direito municipal*. Belo Horizonte: Fórum, 2018. p. 109.

O Município, como instituição herdada dos colonizadores portugueses, é, realmente, a célula mater da Nação. Era pensando nisto que Rui Barbosa dizia: "não há corpo sem células. Não há Estado sem Municipalidades. Não pode existir matéria vivente sem vida orgânica. Não se pode imaginar existência de Nação, existência de povo constituído, existência de Estado, sem vida municipal".[15]

A autonomia nasce espontaneamente nas municipalidades, antes mesmo, portanto, de previsão na norma constitucional.[16] Michel Temer explica:

> A autonomia municipal, no Brasil, é realidade natural anterior à própria autonomia política dos Estados federados. Basta examinar a origem do Município, tão bem explicada por Ataliba Nogueira nas preciosas Lições de Teoria Geral do Estado, publicadas pelo Instituto de Direito Público da Faculdade de Direito da Universidade de São Paulo.
>
> Ensina que os aglomerados humanos se formaram em torno de uma capela, templo erigido pelos colonizadores em face de sua intensa religiosidade, sempre que se avizinhavam. Isto ocorreu antes mesmo da Independência, época em que vigoravam as Ordenações do Reino português. Entretanto, os vizinhos não aplicavam aqueles comandos legais. Às vezes, nem mesmo os conheciam. Legislavam de acordo com os usos e costumes, de acordo com as necessidades locais. Daí se vê que esses aglomerados humanos dispunham a respeito dos negócios locais por meio de manifestações também locais.[17]

Atento a essa evidência, o Constituinte de 1988, ao tratar da organização político-administrativa do Estado, conferiu representatividade federativa aos entes municipais, quando instituiu, formalmente, uma federação de terceiro grau, atribuindo-lhe plena autonomia e identidade política.

---

[15] CARRAZZA, Roque Antônio. *Curso de direito constitucional tributário*. 27. ed. São Paulo: Malheiros, 2011. p. 193.
[16] TEMER, Michel. *Elementos de direito constitucional*. 19. ed. São Paulo: Malheiros, 2004. p. 105.
[17] TEMER, Michel. *Elementos de direito constitucional*. 19. ed. São Paulo: Malheiros, 2004. p. 104-105.

Com efeito, o art. 18 da CRFB/88 estabeleceu que a República Federativa do Brasil "compreende a União, os Estados, o Distrito Federal e os Municípios todos autônomos, nos termos desta Constituição".

A federação é forma de organização político-institucional que tem por finalidade conciliar a manutenção de uma única nação (soberana) com a existência de diversos entes autônomos entre si, respeitando suas individualidades e concedendo-lhes, em certa medida, independência. Consequentemente, esta forma de estado enseja uma maior complexidade administrativa e organizacional, haja vista a multiplicidade de sistemas políticos, orçamentos e estruturas burocráticas.

Deve-se salientar que, diante da grande diversidade de federações existentes, adotar um padrão único e estanque para definir o conceito de federação é um forte entrave. Nada obstante, há reconhecidos parâmetros mínimos, tidos como essenciais, à caracterização de uma federação.

Embora se reconheça a ausência de uniformidade doutrinária para se estabelecer os critérios à identificação do Estado Federativo, José Maurício Conti[18] pontua como indispensáveis à existência de uma federação: ao menos duas esferas de governo; a autonomia das entidades descentralizadas, compreendendo a autonomia política, administrativa e a financeira; a inserção da forma de organização do Estado expressa em uma Constituição; a repartição de competências entre as unidades descentralizadas; a participação das entidades descentralizadas na formação da vontade nacional e a indissolubilidade.

O fenômeno federativo encontra seu fundamento no exercício do poder político compartilhado entre diversos entes, os quais, sob uma única ordem constitucional, coexistem e

---

[18] CONTI, J. M. Considerações sobre o federalismo fiscal brasileiro em uma perspectiva comparada. *Federalismo Fiscal: Questões Contemporâneas*, p. 15-34, 2010. p. 17.

juntos formam o Estado Federal (soberano), sendo a autonomia distribuída, em maior ou menor grau, em face dos membros da federação.[19]

Pode-se entender que as características individuais dos modelos federativos se relacionam eminentemente com uma questão de grau, assim, cada país encontrará o seu ponto individual de equilíbrio federativo, conforme ocorra a acomodação entre as tensões das forças centrífugas, desintegradoras, e as suas opositoras, forças centrípetas, integradoras e unificadoras.[20]

Nada obstante a complexidade para a manutenção de uma federação, o seu legado é bastante relevante, pois, sem dúvida, como bem pontuado por Misabel de Abreu Machado Derzi,[21] o federalismo fortalece a democracia social, ao mesmo tempo em que assegura a liberdade, na medida em que comporta não apenas a função tradicional de preservação das diferenças sociológicas, étnicas, culturais, econômicas, regionais e locais, indo além, para configurar um mecanismo de distribuição de poder entre o ente central e os subnacionais e, assim, preservar a democracia.

Voltando-se o foco aos municípios enquanto entes subnacionais, percebe-se que estes encontram seu fundamento originário na própria Constituição, sendo, portanto, pessoas jurídicas de direito constitucional, em face das quais o poder constituinte originário concedeu atribuições e poderes, além das capacidades de auto-organização, autoadministração e autogoverno, responsáveis por lhes garantir a concretização da autonomia federativa.

---

[19] ELALI, A. *O federalismo fiscal brasileiro e o sistema tributário nacional*. São Paulo: MP, 2005. p. 20-21.
[20] DERZI, M. A. M. Reforma tributária, federalismo e estado democrático de direito. *Revista da Associação Brasileira de Direito Tributário*, Belo Horizonte, p. 13-36, maio/ago. 1999. p. 13-14.
[21] DERZI, M. A. M. Reforma tributária, federalismo e estado democrático de direito. *Revista da Associação Brasileira de Direito Tributário*, Belo Horizonte, p. 13-36, maio/ago. 1999. p. 15-16.

Para José Afonso da Silva,[22] a autonomia consiste na capacidade ou poder para realizar a gestão de suas próprias competências, conforme o espectro que lhe seja atribuído por entidade superior. No caso da federação, a Constituição corresponde a esta entidade superior, sendo responsável por distribuir as competências entre as esferas de governo, prezando pelas capacidades de auto-organização (poder de produzir sua a própria Constituição), autogoverno (organização do seu próprio governo, devidamente adequado ao padrão geral e aos limites determinados pela Constituição Federal) e autoadministração (liberdade para operar as matérias submetidas à sua própria competência legislativa).

No caso do federalismo brasileiro, os municípios, sendo entes federativos nos termos dos arts. 1º e 18 da Constituição Federal, dispõem de plena autonomia em sua tríplice vertente: auto-organização, autogoverno e autoadministração (arts. 29 e 30 da CRFB/88).

Nesse diapasão, veja-se o entendimento consolidado do Supremo Tribunal Federal:

> A CRFB/88 conferiu ênfase à autonomia municipal ao mencionar os Municípios como integrantes do sistema federativo (art. 1º da CRFB/88/1988) e ao fixá-la junto com os Estados e o Distrito Federal (art. 18 da CRFB/88/1988). A essência da autonomia municipal contém primordialmente (i) autoadministração, que implica capacidade decisória quanto aos interesses locais, sem delegação ou aprovação hierárquica; e (ii) autogoverno, que determina a eleição do chefe do Poder Executivo e dos representantes no Legislativo. O interesse comum e a compulsoriedade da integração metropolitana não são incompatíveis com a autonomia municipal. O mencionado interesse comum não é comum apenas aos Municípios envolvidos, mas ao Estado e aos Municípios do agrupamento urbano.[23]

---

[22] SILVA, J. A. D. Dos estados federados no federalismo brasileiro. *Federalismo y Regionalismo*, México, p. 155-178, 2005. p. 156.

[23] BRASIL. STF. *ADI 1.842*. Rel. Min. Luiz Fux, Rel. p/ acórdão: Min. Gilmar Mendes, Tribunal Pleno, j. 6.3.2013, public. 16.9.2013. Disponível em: http://www.stf.jus.br/portal/jurisprudencia/visualizarEmenta.asp?s1=000001496&base=baseQuestoes. Acesso em: 12 ago. 2019.

Se a autonomia municipal já era uma realidade reconhecida pela comunidade jurídica, com os contornos e efeitos decorrentes da pandemia do novo coronavírus, passou a ser uma realidade de notório conhecimento da população em geral, na medida que a crise sanitária implicou tomada de diversas decisões independentes por parte dos municípios que, visando o combate à Covid-19, impactaram diretamente no cotidiano da comunidade.

Essa autonomia, inclusive, foi referendada pelo Supremo Tribunal Federal nas ADI nº 6.341 e ADPF nº 672, como não poderia deixar de ser, pela competência comum e autonomia dos entes subnacionais no que se refere às implementações das políticas públicas de enfrentamento da pandemia.

Como bem dispôs o Ministro Marco Aurélio, em seu voto relator na ADI nº 6.341:

> [...] o Estado garantidor dos direitos fundamentais não é apenas a União, mas também os Estados e os Municípios. A diretriz constitucional da hierarquização, constante do caput do art. 198 não significou hierarquização entre os entes federados, mas comando único, dentro de cada um deles. [...] O exercício da competência da União em nenhum momento diminuiu a competência própria dos demais entes da federação na realização de serviços da saúde, nem poderia, afinal, a diretriz constitucional é a de municipalizar esses serviços.[24]

Nesse sentido, os novos desafios não cessam, tensionando os poderes constituídos, em especial o municipal, ante a necessária concretização das promessas constitucionais, ainda não cumpridas, estando a atuação forte e precisa dos órgãos que integram as funções essenciais à justiça em posição determinante para cumprimento das previsões constitucionais e tutela das competências municipais.

---

[24] BRASIL. STF. *ADI 6.341*. Rel. Min. Marco Aurélio, Tribunal Pleno, j. 15.4.2020, public. 13.11.2020. Disponível em: https://jurisprudencia.stf.jus.br/pages/search/sjur436466/false. Acesso em: 4 ago. 2021.

Não houve em tempos recentes momento mais propício e contexto histórico mais urgente por soluções céleres e pontuais nos resguardos e promoção dos direitos dos cidadãos que a pandemia da Covid-19; e os cidadãos, cada munícipe, integrante das cidades e expectador de viver seus direitos[25] anseiam por ações estatais.

Nesse sentido, a Advocacia Pública Municipal, identificada entre aqueles que operam funções essenciais à justiça, se apresenta como instrumento indispensável à implementação dos direitos fundamentais, enquanto órgão próprio de Estado e de caráter permanente.

1.2 Advocacia Pública Municipal como função essencial à justiça

A par das premissas lançadas, importante examinar as relações entre a Advocacia Pública Municipal, as funções essenciais à justiça e o Estado democrático de direito.

A Advocacia Pública, mais precisamente após a Constituição Federal de 1988, tem um papel fundamental no aprimoramento e aperfeiçoamento da estrutura administrativa, entregando as soluções jurídicas – seja na assessoria e na consultoria jurídica, seja no contencioso administrativo e judicial – adequadas ao gestor público a fim de que sejam viabilizadas e implementadas as políticas públicas.

Não por acaso, a Carta Magna, em seus arts. 131 e 132, tratou a Advocacia Pública como uma das funções essenciais à justiça.

Muito embora existam entendimentos de que existiria uma omissão intencional da Constituição Federal ao não tratar

---

[25] TAVARES, Gustavo Machado; AMARO, Débora Bergantin Megid. O direito fundamental à boa administração pública e a advocacia pública municipal. *Conjur*, 17 abr. 2021. Disponível em: https://www.conjur.com.br/2021-abr-17/opiniao-administracao-publica-advocacia-publica-municipal. Acesso em: 28 mar. 2022.

expressamente das procuradorias dos municípios em seu art. 132, tal interpretação não se coaduna com o modelo de federalismo adotado pelo Constituinte originário e tampouco com a conformação constitucional do núcleo da Advocacia Pública – o qual integra as funções essenciais à justiça.

Ademais, Constituição de 1988 preconizou, em seu art. 1º, que a República Federativa do Brasil se constitui em um Estado democrático de direito, estabelecendo como fundamentos, entre outros, a cidadania e a dignidade da pessoa humana, bem assim em seu art. 5º, uma série de direitos e garantias fundamentais.

E mais. No art. 3º, a Carta Constitucional prevê como objetivos fundamentais construir uma sociedade livre, justa e solidária e a promoção do bem de todos, entre outros.

Assim é que se observa que o Estado brasileiro, tendo, pois, como fundamento maior o princípio da dignidade da pessoa humana, solidifica-se e se ergue sob o prisma dos direitos fundamentais, e não mais o reverso, sob o ângulo do Estado em que se erguiam os direitos. Sobre este ponto, Flávia Piovesan é enfática:

> Note-se que as Constituições anteriores primeiramente tratavam do Estado, para, somente então, disciplinarem os direitos. Ademais, eram petrificados temas afetos ao Estado e não aos direitos, destacando-se, por exemplo, a Constituição de 1967, ao consagrar como cláusulas pétreas a Federação e a República. A nova topografia constitucional inaugurada pela Carta de 1988 reflete a mudança paradigmática de lente ex parte principe para a lente ex parte populi. Isto é, de um Direito inspirado pela ótica do Estado, radicado nos deveres dos súditos, transita-se a um Direito inspirado pela ótica da cidadania, radicado nos direitos. A Constituição de 1988 assume como ponto de partida a gramática dos direitos, que condicionam o constitucionalismo por ela invocado. Assim, é sob a perspectiva dos direitos que se afirma o Estado e não sob a perspectiva do Estado que se afirmam os direitos.[26]

---

[26] PIOVESAN, F. *Direitos humanos e o direito constitucional internacional*. 18. ed. São Paulo: Saraiva, 2018. p. 111-112.

Em outros termos, a engenharia constitucional do Estado, com o advento da Carta de 1988, tem como seu pilar a defesa dos direitos fundamentais, de modo que é intuitivo e implícito que todo arcabouço normativo estatal deve oferecer os meios indispensáveis à efetivação e defesa daqueles direitos, sob pena de fazer-se tábula rasa e torná-los inoperantes. É o que se denomina teoria dos poderes implícitos.[27]

Nessa ordem de ideias, é que se faz necessária a existência de instituições que, independentes e livres de pressões não republicanas, possam exercer as atribuições relevantes à manutenção do Estado democrático de direito, lastreando a base estrutural dos preceitos constitucionais, sendo, ainda, em última instância próprias e essenciais à concretização do bem comum. É dizer: das funções essenciais à justiça.

O Ministro aposentado do Supremo Tribunal Federal Carlos Mário da Silva Velloso tratou sobre o tema na obra *Tratado de direito municipal*:

> Às carreiras que desempenham funções essenciais à justiça, a Constituição deferiu especial tratamento – Ministério Público, Advocacia Pública, Advocacia e Defensoria Pública – na disciplina constitucional relativa à organização dos poderes. Qual a razão dessa inovadora opção do constituinte? Por que elevar determinadas categorias à privilegiada condição de essenciais à Justiça? [...]
>
> Penso que a inovadora opção do legislador constituinte decorreu da constatação de que o Ministério Público, a Advocacia Pública, a Advocacia e a Defensoria Pública desempenham funções essenciais ao Estado Democrático de Direito em que se constitui a República Federativa do Brasil (CRFB/88, art. 1º).
>
> É dizer: o Ministério Público, a Advocacia Pública, a Advocacia e a Defensoria Pública revelam-se instrumentos fundamentais e indispensáveis – por isso, essenciais – para assegurar, cada qual com o seu trabalho, toda a gama de interesses que permeiam a Constituição, seus valores e princípios, em especial a construção de uma sociedade

---

[27] MENDES, Gilmar Ferreira; BRANCO, Paulo Gustavo Gonet. *Curso de direito constitucional*. 10. ed. São Paulo: Saraiva, 2015. p. 1350.

livre, justa e solidária (CRFB/88, art. 3º, I), objetivo do Estado Democrático de Direito.[28]

O constituinte brasileiro, reconhecendo a tutela do interesse estatal enquanto função essencial à justiça, elevou a institucionalização da investidura dos membros da Advocacia Pública ao nível constitucional, exteriorizando a relevância de sua atividade no contexto institucional brasileiro.

Não por outra razão, a Carta Magna cuidou de maneira singular das funções essenciais à justiça, dedicando um capítulo específico ao tema – Capítulo IV, no qual tratou, em sua Seção II, da Advocacia Pública (arts. 131 e 132).

No que tange às atividades de consultoria jurídica e fiscalização da legalidade interna dos atos da Administração Pública, tais atribuições devem ser desempenhadas por agentes públicos investidos em caráter efetivo, na forma estabelecida pelo art. 132 da CRFB/88, para que possam atuar com independência e sem temor de serem exonerados *ad libitum* pelo chefe do Poder Executivo local pelo fato de haver exercido, legitimamente e com inteira correção técnica, os encargos irrenunciáveis inerentes às suas relevantes funções institucionais.

Em qualquer âmbito federativo, a efetiva concretização dos princípios constitucionais pertinentes à Administração Pública é viabilizada através do exercício regular e idôneo da atividade de Advocacia Pública, haja vista que a representação e consultoria jurídica exercidas por um corpo de procuradores efetivos, pautados eminentemente pela técnica e despidos de anseios políticos e econômicos, proporciona ao Estado lisura e

---

[28] VELLOSO, Carlos Mário da Silva. Procurador municipal – Teto de remuneração – Inteligência do art. 37, inciso XI, da Constituição Federal. *In*: NASCIMENTO, Carlos Valder do; DI PIETRO, Maria Sylvia Zanella; MENDES, Gilmar Ferreira (Coord.). *Tratado de direito municipal*. Belo Horizonte: Fórum, 2018. p. 457.

retidão no cumprimento da lei e na defesa de seus interesses, além de resguardar sua memória jurídica.

A Ministra Cármen Lúcia Antunes Rocha, em sua obra *Princípios constitucionais dos servidores públicos*, pontua:

> O advogado público tem vínculo jurídico específico e compromisso peculiar com o interesse público posto no sistema jurídico, o qual há de ser legalmente concretizado pelo governante e pelo administrador público. Tal interesse não sucumbe nem se altera a cada quatro anos aos sabores e humores de alguns administradores ou de grupos que, eventualmente, detenham maiorias parlamentares e administrativas. Por isso mesmo é que o advogado não pode ficar sujeito a interesses subjetivos e passageiros dos governantes.[29]

Em suma, diante da importante envergadura da função desempenhada pela Advocacia Pública, a Constituição Federal (art. 132) tratou de delinear e discriminar as atribuições que lhe são inerentes, consideradas, pois, indisponíveis e intransferíveis a outrem que não os próprios procuradores efetivos da respectiva unidade federativa. Longe de ser um privilégio, são, a bem da verdade, prerrogativas inerentes e essenciais aos órgãos de caráter permanente e próprio de Estado.

Não se deve, pois, analisar e interpretar o art. 132, da Constituição Federal, de forma isolada e apartada do sistema jurídico. Ao revés, deve ser conjugado com os demais dispositivos do sistema constitucional, para que, a partir disso, tenha-se uma verdadeira interpretação sistemática das normas que tratam das funções essenciais à justiça.

Nesse diapasão, são elucidativas as palavras do Ministro Eros Grau:

> A interpretação do direito, enquanto operação de caráter lingüístico, consiste em um processo intelectivo através do qual, partindo de fórmulas lingüísticas contidas nos atos normativos, alcançamos a

---

[29] ROCHA, Cármen Lúcia Antunes. *Princípios constitucionais dos servidores públicos*. São Paulo: Saraiva, 1999.

determinação do seu conteúdo normativo; dizendo-se de outro modo, caminhamos dos significantes (os enunciados) aos significados. Ademais, não se interpreta a Constituição em tiras, aos pedaços. Tenho insistido em que a interpretação do direito é interpretação do direito, não de textos isolados, desprendidos do direito. Não se interpreta textos de direito, isoladamente, mas sim o direito – a Constituição – no seu todo. [...].[30]

O Procurador do Município de São Paulo e Professor de Direito Administrativo da PUC-SP Ricardo Marcondes Martins pondera que não há um silêncio nem omissão constitucionais no que se refere à Advocacia Pública Municipal. Entende, o jurista, que existe uma lacuna constitucional. Veja-se:

Defende-se aqui que não se trata nem de silêncio constitucional – a Constituição não nega implicitamente a Advocacia Pública aos Municípios – nem de omissão constitucional – o constituinte não deixou ao crivo do editor da Lei Orgânica do Município ou ao crivo do Legislador Municipal decidir se institui ou não, para a respectiva entidade, a Advocacia Pública. Trata-se de inequívoca lacuna constitucional, uma vez que o texto expresso exige uma interpretação extensiva, a partir da análise sistemática da Constituição.

A razão é simples: todos os argumentos que justificam a Advocacia Pública para a União e para os Estados-membros também a justificam para os Municípios. Por evidente, o interesse destes é, juridicamente, equivalente ao interesse daqueles. Os Municípios também não têm interesse de contrariar a Constituição e as leis. A necessidade de prerrogativas para o bom desempenho da missão de dizer qual é, segundo a legislação vigente, o interesse público a ser perseguido também está presente nos Municípios. É, enfim, com todo respeito pelas posições contrárias, absolutamente inegável: as razões jurídicas que justificam uma Advocacia Pública – rectius, advocacia exercida por titulares de cargos públicos efetivos – na União e nos Estados estendem-se, igualmente, aos municípios.[31]

---

[30] BRASIL. STF. *ADI 3685 DF*. Rel. Min. Helen Grace, Tribunal Pleno, j. 22.3.2006. Disponível em: https://jurisprudencia.stf.jus.br/pages/search?classeNumeroIncidente=%22ADI%203685%22&base=acordaos&sinonimo=true&plural=true&page=1&pageSize=10&sort=_score&sortBy=desc&isAdvanced=true. Acesso em: 22 fev. 2022.

[31] MARTINS, Ricardo Marcondes. Contratações de advogados por pessoas jurídicas de direito público. *In*: TAVARES, Gustavo Machado; MOURÃO, Carlos Figueiredo; VIEIRA, Raphael Diógenes Serafim (Coord.). *A obrigatoriedade constitucional das procuradorias municipais*. Belo Horizonte: Fórum, 2022. p. 241.

Sobre a questão da inexistência de omissão constitucional das procuradorias municipais, interessante a contextualização histórica trazida por Claudio Penedo Madureira, ao analisar as discussões anotadas no *Diário da Assembleia Nacional Constituinte*. Assevera, Claudio Madureira, que, quando da Constituinte de 1988, ficou evidenciado que não houve, em absoluto, omissão:

> Com efeito, por ocasião dos debates, na Comissão de Redação, sobre o qual seria denominação mais adequada para ser atribuída ao Capítulo IV do Título IV da Constituição (o que doravante ficou designado como "Das Funções essenciais à justiça"), o constituinte José Maria Eymael formulou o seguinte questionamento aos seus colegas no Parlamento:
>
> [...] Na parte pertinente à Advocacia-Geral da União, o art. 132, §4º, trata da representação judicial e consultoria jurídica dos Estados e do Distrito Federal. Minha pergunta, Sr. Relator, é a seguinte: aqui se estabelece que "a representação judicial e consultoria jurídica dos Estados e do Distrito Federal serão exercidas pelos respectivos procuradores, organizados em carreira...". Foi estudada a não extensão desse instituto aos Municípios, ou é omissão?
>
> A essa indagação o relator da Comissão, constituinte Bernardo Cabral, respondeu: "Não; só dos Estados mesmo". Não satisfeito, Eymael indagou, novamente: "Não se trata de omissão?". E a isso, Cabral lhe respondeu: "Não".[32]

Esse registro histórico afasta a visão equivocada de que houve omissão constitucional da Advocacia Pública Municipal. E, considerando que não se extrai no texto constitucional interpretação contrária à existência de procuradorias municipais, o que existe é uma lacuna constitucional.

Nesse sentido, a diversidade do ente federativo ao qual se vincula o exercício da Advocacia Pública não transmuda sua essência, a uma, porque a atividade pública é ontologicamente a mesma e, a duas, sendo os entes federativos existentes de

---

[32] MARTINS, Ricardo Marcondes. Contratações de advogados por pessoas jurídicas de direito público. *In*: TAVARES, Gustavo Machado; MOURÃO, Carlos Figueiredo; VIEIRA, Raphael Diógenes Serafim (Coord.). *A obrigatoriedade constitucional das procuradorias municipais*. Belo Horizonte: Fórum, 2022. p. 23-24.

forma autônoma entre si, conforme preceituado pelo art. 1º da nossa CRFB/88, não se poderia excluir da Advocacia Pública Municipal de carreira o caráter de função essencial à justiça, expressamente reconhecido à Advocacia Pública Estadual e Federal.

Corroborando o entendimento, o Ministro Carlos Mário da Silva Velloso, seguindo interpretação sistemática da Carta Magna, também reconhece que a Advocacia Pública Municipal integra as funções essenciais à justiça, encontrando-se, portanto, prevista implicitamente na Constituição de 1988:

> Vale enfatizar que os advogados públicos municipais – os procuradores municipais – desempenham idênticas atribuições de seus congêneres da União, dos estados e do Distrito Federal, no contencioso judicial e na consultoria jurídica. O que se disse, relativamente a estes, aplica-se, numa interpretação lógico-sistemática da Constituição, no tocante a eles, procuradores municipais.
>
> Assim, exercendo funções essenciais à justiça, porque advogados públicos, os procuradores municipais são indispensáveis à consecução dos valores e princípios inscritos na Lei Maior, contribuindo, no âmbito da edilidade, para tornar realidade a dimensão igualitária da Justiça, indispensável à concretização do Estado Democrático de Direito.[33]

Nesse contexto, a conclusão é precisa: os procuradores municipais devem ser reconhecidos como integrantes das atividades essenciais à justiça, estando previstos implicitamente no art. 132 da Carta Constitucional.

Portanto, seria uma discriminação perversa o não reconhecimento dos procuradores municipais enquanto operadores de funções essenciais à justiça, vez que desempenham atribuições idênticas aos advogados públicos estaduais ou federais, razão pela qual fazem jus à outorga das mesmas

---

[33] VELLOSO, Carlos Mário da Silva. Procurador municipal – Teto de remuneração – Inteligência do art. 37, inciso XI, da Constituição Federal. *In*: NASCIMENTO, Carlos Valder do; DI PIETRO, Maria Sylvia Zanella; MENDES, Gilmar Ferreira (Coord.). *Tratado de direito municipal*. Belo Horizonte: Fórum, 2018. p. 465.

salvaguardas básicas deferidas aos seus congêneres estaduais ou federais. Porém, o direito não admite perversidades, como bem pontuado pelo Ministro Carlos Mário da Silva Velloso.[34]

1.3 Controle interno de juridicidade – Atividade típica da Advocacia Pública

A estatura constitucional da Advocacia Pública Municipal é decorrente também de uma terceira atribuição inerente às suas funções, que muitas vezes passa despercebida. Trata-se da atividade de controle interno de juridicidade dos atos da Administração Pública.

Ao lado das atribuições de assessoramento/consultoria e de representação jurídica, os procuradores também atuam no controle interno do agir administrativo.

Nesse sentido, Cláudio Penedo Madureira assevera:

> Destarte, os advogados públicos, quando exercem a consultoria jurídica e o contencioso judicial, realizam, ainda, uma terceira atividade típica, que consiste no controle da aplicação do direito pela Administração Pública. Essa particularidade da atuação dos procuradores não escapou à arguta observação de Maria Sylvia Di Pietro, quando, anotou, em trabalho publicado no ano de 1996, que "o Advogado Público, participa, de forma intensa a ativa, do controle da Administração Pública", dispondo, a propósito, que, "além do controle externo, exercido pelo Poder Judiciário e pelo Poder Legislativo, este último com o auxílio do Tribunal de Contas, a Administração Pública sujeita-se a um controle interno, administrativo", a ser "exercido no interesse da Administração, por autoridades e órgãos da própria Administração", entre os quais se inserem "os que exercem Advocacia Pública".[35]

---

[34] VELLOSO, Carlos Mário da Silva. Procurador municipal – Teto de remuneração – Inteligência do art. 37, inciso XI, da Constituição Federal. *In*: NASCIMENTO, Carlos Valder do; DI PIETRO, Maria Sylvia Zanella; MENDES, Gilmar Ferreira (Coord.). *Tratado de direito municipal*. Belo Horizonte: Fórum, 2018. p. 466.

[35] MADUREIRA, Claudio Penedo. A instituição de procuradorias municipais como imposição constitucional. *In*: TAVARES, Gustavo Machado; MOURÃO, Carlos Figueiredo; VIEIRA, Raphael Diógenes Serafim (Coord.). *A obrigatoriedade constitucional das procuradorias municipais*. Belo Horizonte. Fórum, 2022. p. 45.

A autotutela, poder de a Administração Pública controlar a legalidade, conveniência e oportunidade de seus próprios atos, seja anulando-os quando maculados de vícios, seja revogando-os por razões de discricionariedade administrativa, requer e demanda a atuação de agentes públicos que carreguem, entre as suas atribuições, análise jurídica do ato administrativo em si e de suas repercussões.

E para tanto não são apenas necessários conhecimento do direito e da correção de sua aplicação, mas também, de igual maneira, a memória jurídica, a história e a realidade do ente público, de modo a ensejar um controle interno mais apurado e efetivo das posturas administrativas.

Merece registro que a Lei Federal nº 13.655/2018, ao inserir diversos dispositivos na Lei de Introdução às Normas do Direito Brasileiro, reforçou ainda mais a necessidade da atuação da Advocacia Pública no controle interno de juridicidade dos atos administrativos, porquanto passou a exigir o exame prévio das consequências jurídicas e administrativas da decisão de invalidação do ato, não bastando a análise com valores jurídicos abstratos.

O exame técnico das consequências práticas da decisão de invalidação do ato administrativo exige, por certo, a atuação de agentes públicos (tais como os advogados públicos) com vínculos não precários e com conhecimento técnico-jurídico da origem e das razões fáticas e embasamento jurídico que levaram à edição de tal ou qual ato, a fim de que se viabilize tanto quanto possível aquilatar todos os efeitos jurídicos e administrativos eventualmente oriundos de possível anulação ou revogação do ato administrativo.

A Nova Lei de Licitações e Contratos Administrativos, Lei Federal nº 14.133/2021, também reforça a atuação típica da Advocacia Pública no controle interno de juridicidade das posturas administrativas, ao preconizar a necessidade de exame prévio de legalidade do processo licitatório pelo órgão de assessoramento jurídico. Veja-se o art. 53, §4º:

> Art. 53. Ao final da fase preparatória, o processo licitatório seguirá para o órgão de assessoramento jurídico da Administração, que realizará controle prévio de legalidade mediante análise jurídica da contratação.
> [...]
> §4º Na forma deste artigo, o órgão de assessoramento jurídico da Administração também realizará controle prévio de legalidade de contratações diretas, acordos, termos de cooperação, convênios, ajustes, adesões a atas de registro de preços, outros instrumentos congêneres e de seus termos aditivos.

Em arremate, por ora, tem-se que a intepretação conjugada dos dispositivos 70, 131 e 132 da Constituição Federal confere o controle interno de juridicidade dos atos administrativos como uma das atribuições típicas à Advocacia Pública Federal, Estadual e Municipal, de tal maneira que:

> o seu desempenho por advogados contratados, sobretudo se for realizado de forma reiterada, de modo a que se esses profissionais assumam por completo a consultoria jurídica e o contencioso judicial dos entes públicos, além de contrariar a opção político-normativa assentada nos arts. 131 e 132 da Constituição, converterá essa atividade de controle interno em controle realizado com auxílio externo, em evidente subversão do regime jurídico concebido pelo constituinte.[36]

Em reforço à previsão das atividades da Advocacia Pública Municipal no texto da Constituição Federal, impende anotar que o art. 37, inc. XXII, com a redação dada pela Emenda Constitucional nº 42/2003, estabelece que as atribuições das administrações tributárias das três esferas da federação devem ser exercidas por servidores de carreiras específicas, visto que são essenciais ao funcionamento do Estado.

---

[36] MADUREIRA, Claudio Penedo. A instituição de procuradorias municipais como imposição constitucional. *In*: TAVARES, Gustavo Machado; MOURÃO, Carlos Figueiredo; VIEIRA, Raphael Diógenes Serafim (Coord.). *A obrigatoriedade constitucional das procuradorias municipais*. Belo Horizonte. Fórum, 2022. p. 29.

Perceba-se, são os procuradores municipais, tais como os procuradores estaduais e os advogados da União (expressão *lato sensu*), que, além de atuarem no controle da legalidade da dívida ativa, exercem a atribuição de arrecadação e cobrança, através da execução fiscal, da dívida ativa de natureza tributária.

Acompanhando este raciocínio, Cleide Regina Furlani Pompermaier é categórica ao enxergar como obrigatória a incumbência da arrecadação tributária ao corpo técnico permanente municipal, ou seja, procuradores e fiscais tributários, veja-se:

> A arrecadação de tributos representa, sem dúvida, a maior parcela da receita obtida pelos Entes Públicos. A atividade de arrecadação tributária é vinculada e obrigatória. As atividades praticadas no âmbito tributário devem ser realizadas num ambiente tecnicamente preparado, não sendo esta, ressalte-se, uma liberalidade das administrações públicas, mas sim uma obrigação. A competência privativa para executar as ações realizadas pela administração tributária, no que se refere à constituição do crédito tributário, é dos Auditores Tributários e dos Procuradores, os quais têm a missão de incrementar os cofres públicos por meio de ações legais de exigência e cobrança do tributo, visando à melhoria da arrecadação para financiar, como se disse acima, as necessidades do Estado.[37]

E, ressalte-se, que o devido tratamento da arrecadação de tributos é de tamanha envergadura e imposição constitucional que a sua inobservância, de forma dolosa, por parte do gestor pode configurar ato de improbidade administrativa – *vide* art. 10, inc. X, da Lei nº 14.230/2021, tendo em vista a descontinuidade da política/arrecadação tributária e os seus impactos negativos e graves na concretização dos direitos fundamentais.

---

[37] POMPERMAIER, Cleide Regina Furlani. O advogado público municipal que atua na área tributária deve ser contratado pela via do concurso público. *Migalhas*. Disponível em: https://www.migalhas.com.br/depeso/349155/advogado-publico-municipal--contratacao-via-concurso-publico. Acesso em: 22 fev. 2022.

Nesse sentir, as atribuições constitucionais de assessoramento/consultoria, de representação jurídica e de controle interno do agir administrativo da Advocacia Pública visam, em essência, à realização do interesse público, conforme pontuado nas palavras de Ana Luísa Soares Carvalho e Cristiane da Costa Nery:

> O interesse público como fim da administração pública e objetivo maior da atividade do advogado público está, indelevelmente, vinculado ao Estado Democrático de Direito como expressão da sua juridicização, conforme definido pelo artigo 1º da Constituição Federal que estabelece, também, os fundamentos da República Federativa do Brasil: (I) soberania, (II) cidadania, (III) dignidade da pessoa humana, (IV) os valores do trabalho e da livre iniciativa e (V) pluralismo político. Neste contexto, a atividade do advogado público é um meio de efetivação do interesse público, assim definido pelos princípios, fundamentos, direitos e garantias do estado constituído, porque deve ser esse o objetivo e o resultado da sua atuação.[38]

Desta forma, constata-se que a Advocacia Pública Municipal tem assento próprio na Constituição Federal junto a seus pares na Advocacia Pública, entre as carreiras que desempenham e se qualificam como função essencial à justiça.

---

[38] CARVALHO, Ana Luisa Soares; NERY, Cristiane da Costa. O advogado público municipal – Prerrogativas e atribuições na perspectiva da responsabilidade civil. *In*: CONGRESSO DE DIREITO MUNICIPAL, II. *O mundo da cidade e a cidade no mundo* – Reflexões sobre o direito local. [s.l.]: IPR, 2009. p. 401.

CAPÍTULO 2

O SUPREMO TRIBUNAL FEDERAL E A ADVOCACIA PÚBLICA MUNICIPAL

Tratados os aspectos pertinentes à natureza jurídica das funções desempenhadas por procuradores e procuradoras municipais, passa-se à análise jurisprudencial do Supremo Tribunal Federal (STF), a fim de se verificar a evolução e atual entendimento da Suprema Corte quanto ao enquadramento da Advocacia Pública Municipal como função essencial à justiça, desenvolvendo-se interpretação técnica e indene dos precedentes a seguir apresentados.

2.1 Função essencial à justiça – Teto remuneratório dos procuradores municipais – Tese nº 510 do Supremo Tribunal Federal (Recurso Extraordinário nº 663.696/MG, em sede de repercussão geral)

Para fins didáticos e considerando o escopo deste trabalho, é oportuno analisar o entendimento do Supremo Tribunal Federal acerca do posicionamento constitucional da Advocacia Pública Municipal, vale dizer: integra ou não as funções essenciais à justiça?

Em fevereiro de 2019, o Supremo Tribunal Federal (STF) julgou o RE nº 663.696/MG, em sede de repercussão geral, de relatoria do Ministro Luiz Fux, no qual se discutia se o teto constitucional remuneratório dos procuradores municipais seria o subsídio do prefeito ou do desembargador do Tribunal de Justiça.

Na ocasião, o Pleno do STF, atento às atribuições constitucionais e legais da Advocacia Pública Municipal, referendou que o teto constitucional corresponde ao subsídio do desembargador do Tribunal de Justiça. Veja-se a tese firmada de nº 510:

> A expressão "Procuradores", contida na parte final do inciso XI do art. 37 da Constituição da República, compreende os Procuradores Municipais, uma vez que estes se inserem nas funções essenciais à justiça, estando, portanto, submetidos ao teto de noventa inteiros e vinte e cinco centésimos por cento do subsídio mensal, em espécie, dos Ministros do Supremo Tribunal Federal.[39]

Pela importância desse precedente obrigatório, é de bom alvitre transcrever a ementa do julgado RE nº 663.696/MG:

> DIREITO ADMINISTRATIVO. REPERCUSSÃO GERAL. CONTROVÉRSIA DE ÍNDOLE CONSTITUCIONAL ACERCA DO TETO APLICÁVEL AOS PROCURADORES DO MUNICÍPIO. SUBSÍDIO DO DESEMBARGADOR DE TRIBUNAL DE JUSTIÇA, E NÃO DO PREFEITO. FUNÇÕES ESSENCIAIS À JUSTIÇA. RECURSO EXTRAORDINÁRIO PROVIDO.
>
> 1. Os procuradores municipais integram a categoria da Advocacia Pública inserida pela Constituição da República dentre as cognominadas funções essenciais à justiça, na medida em que também atuam para a preservação dos direitos fundamentais e do Estado de Direito.
>
> 2. O teto de remuneração fixado no texto constitucional teve como escopo, no que se refere ao thema decidendum, preservar as funções essenciais à justiça de qualquer contingência política a que o Chefe do Poder Executivo está sujeito, razão que orientou a aproximação dessas carreiras do teto de remuneração previsto para o Poder Judiciário.
>
> 3. Os Procuradores do Município, consectariamente, devem se submeter, no que concerne ao teto remuneratório, ao subsídio dos

---

[39] BRASIL. STF. *Tese nº 510*. Disponível em: http://portal.stf.jus.br/jurisprudenciaRepercussao/verAndamentoProcesso.asp?incidente=4168352&numeroProcesso=663696&classeProcesso=RE&numeroTema=510. Acesso em: 29 mar. 2022..

desembargadores dos Tribunais de Justiça estaduais, como impõe a parte final do art. 37, XI, da Constituição da República.

4. A hermenêutica que exclua da categoria "Procuradores" - prevista no art. 37, XI, parte final, da CRFB/88 – os defensores dos Municípios é inconstitucional, haja vista que ubi lex non distinguit, nec interpres distinguere debet.

5. O termo "Procuradores", na axiologia desta Corte, compreende os procuradores autárquicos, além dos procuradores da Administração Direta, o que conduz que a mesma ratio legitima, por seu turno, a compreensão de que os procuradores municipais, também, estão abrangidos pela referida locução. Precedentes de ambas as Turmas desta Corte: RE 562.238 AgR, Rel. Min. Teori Zavascki, Segunda Turma, DJe 17.04.2013; RE 558.258, Rel. Min. Ricardo Lewandowski, Primeira Turma, DJe 18.03.2011.

6. O texto constitucional não compele os Prefeitos a assegurarem aos Procuradores municipais vencimentos que superem o seu subsídio, porquanto a lei de subsídio dos procuradores é de iniciativa privativa do chefe do Poder Executivo municipal, ex vi do art. 61, §1º, II, "c", da Carta Magna.

7. O Prefeito é a autoridade com atribuição para avaliar politicamente, diante do cenário orçamentário e da sua gestão de recursos humanos, a conveniência de permitir que um Procurador do Município receba efetivamente mais do que o Chefe do Executivo municipal.

8. As premissas da presente conclusão não impõem que os procuradores municipais recebam o mesmo que um Desembargador estadual, e, nem mesmo, que tenham, necessariamente, subsídios superiores aos do Prefeito.

9. O Chefe do Executivo municipal está, apenas, autorizado a implementar, no seu respectivo âmbito, a mesma política remuneratória já adotada na esfera estadual, em que os vencimentos dos Procuradores dos Estados têm, como regra, superado o subsídio dos governadores.

10. In casu, (a) o Tribunal de Justiça de Minas Gerais reformou a sentença favorável à associação autora para julgar improcedentes os pedidos, considerando que o art. 37, XI, da Constituição da República, na redação conferida pela Emenda Constitucional 41/03, fixaria a impossibilidade de superação do subsídio do Prefeito no âmbito do Município; (b) adaptando-se o acórdão recorrido integralmente à tese fixada neste Recurso Extraordinário, resta inequívoco o direito da Recorrente de ver confirmada a garantia de seus associados de terem, como teto remuneratório, noventa inteiros e vinte e cinco centésimos por cento do subsídio mensal, em espécie, dos Ministros do Supremo Tribunal Federal.

11. Recurso extraordinário PROVIDO. Tese da Repercussão Geral: A expressão "Procuradores", contida na parte final do inciso XI do art. 37

da Constituição da República, compreende os Procuradores Municipais, uma vez que estes se inserem nas funções essenciais à justiça, estando, portanto, submetidos ao teto de noventa inteiros e vinte e cinco centésimos por cento do subsídio mensal, em espécie, dos Ministros do Supremo Tribunal Federal.[40]

A Constituição Federal, seguindo o desenho institucional dedicado às funções essenciais à justiça, em seu art. 37, inc. XI, preconizou um tratamento específico no que concerne ao teto constitucional remuneratório dos agentes públicos que desempenham as referidas funções. E assim o fez, em razão da magnitude e da importância destas atribuições ao Estado democrático de direito, tal como visto no tópico anterior.

Tanto que se extrai da análise do citado RE nº 663.696/MG que as razões de decidir se baseiam na premissa de que os procuradores municipais integram as funções essenciais à justiça, "na medida em que também atuam para a preservação dos direitos fundamentais e do Estado de Direito". Nessa perspectiva, o Ministro Edson Fachin em seu voto:

> Desse modo, assim como se verifica com as Advocacias já estruturadas da União (em sentido amplo) e dos Estados, também se afirma que os Procuradores Municipais constituem carreira típica de Estado, no sentido de serem imprescindíveis à consecução das atividades administrativas para o melhor alcance do interesse público. E, pode-se dizer, todas as carreiras integrantes do conceito de Advocacia Pública exercem função estratégica para o Estado Democrático de Direito, seja atuando preventivamente, em atividade consultiva, direcionando a Administração para um atuar dentro dos limites da legalidade e da constitucionalidade, seja posteriormente, defendendo em juízo o interesse dos entes e, consequentemente, de toda a população.[41]

---

[40] BRASIL. STF. RE nº 663.696. Tribunal Pleno, j. 28.2.2019. Processo Eletrônico Repercussão Geral – Mérito. *DJe*, 183, 22 ago. 2019. Disponível em: https://jurisprudencia.stf.jus.br/pages/search/sjur408947/false. Acesso em: 2 mar. 2022.

[41] BRASIL. STF. RE nº 663.696. Tribunal Pleno, j. 28.2.2019. Processo Eletrônico Repercussão Geral – Mérito. *DJe*, 183, 22 ago. 2019. Disponível em: https://jurisprudencia.stf.jus.br/pages/search/sjur408947/false. Acesso em: 2 mar. 2022.

Os procuradores municipais ocupam cargos efetivos com a mesma natureza, exercem as mesmas atribuições e *munus* público das demais espécies da Advocacia Pública existentes nos níveis federativos federal e estaduais. Nesse sentido, o Ministro Luiz Fux assevera que "A natureza da função, seu papel institucional, a lógica de atuação, os interesses protegidos e até o recrutamento dos componentes é feito a partir dos mesmos requisitos".[42]

Assim, conforme posição adotada pelo próprio Supremo Tribunal Federal, se a expressão "Procuradores", prevista no art. 37, inc. XI, abrange os advogados públicos municipais para fins de estarem inseridos no teto constitucional disciplinado na parte final daquele artigo, da mesma forma e em igual sentido, os procuradores municipais devem ser reconhecidos como integrantes do grupo de membros que ocupam carreira de Estado e exercem propriamente a Advocacia Pública como função essencial à justiça.

Desta forma, o conjunto de prerrogativas e disposições constitucionais da Advocacia Pública se aplicam de forma uniforme a todos aqueles que exercem a Advocacia Pública de carreira em prol dos entes federativos, independentemente se do nível federal, estadual ou municipal.

Não pode haver, nesse diapasão, o enquadramento diverso para se considerar que os procuradores municipais integram as funções essenciais à justiça para definir o teto remuneratório e não os reconhecer para fins de perceber o mesmo tratamento quanto ao conjunto das prerrogativas garantidas à Advocacia Pública *lato sensu*, inclusive e sobretudo, em sua dimensão constitucional.

---

[42] BRASIL. STF. RE nº 663.696. Tribunal Pleno, j. 28.2.2019. Processo Eletrônico Repercussão Geral – Mérito. *DJe*, 183, 22 ago. 2019. Disponível em: https://jurisprudencia.stf.jus.br/pages/search/sjur408947/false. Acesso em: 2 mar. 2022.

Há de se ter, portanto, uma simetria de tratamento constitucional da Advocacia Pública Federal, Estadual e Municipal. Do contrário, implicaria reconhecer que, neste particular, haveria uma incongruência constitucional no que toca à Advocacia Pública. E, relembrando as palavras do Ministro Carlos Mário da Silva Velloso[43] citadas anteriormente, a "A discriminação seria perversa. E o direito não admite perversidades".

Não por outra razão, o Ministro Luiz Fux, relator do aludido recurso extraordinário, asseverou em seu voto que "é imperativo que todas as disposições pertinentes à Advocacia Pública sejam aplicadas às Procuradorias Municipais, sob pena de se incorrer em grave violação à organicidade da Carta Maior".[44]

No mesmo sentido, o Ministro Edson Fachin consignou, em seu voto, a obrigatoriedade de tratamento simétrico aos integrantes da carreira da Advocacia Pública, em garantia da defesa de parcela do interesse público e da justiça:

> O constituinte inseriu a Advocacia da União e as Procuradorias dos Estados dentro do Capítulo IV do Título IV do texto, que trata das Funções essenciais à justiça. Fê-lo por entender que, ao lado das carreiras do Ministério Público e da Defensoria Pública, também à Advocacia Pública está destinado o mister de exercer a defesa combativa do interesse público, que se consubstancia na concretização do Estado Democrático de Direito preconizado pela Constituição. Cada qual dentro de suas atribuições – defesa da sociedade, dos necessitados ou dos entes federados – não olvidou o constituinte em atribuir segurança e independência a esses profissionais, a fim de que não se subordinem ao alvedrio dos ditames dos distintos Governos eleitos a cada exercício do voto popular. Tendo essas considerações em mente, é possível afirmar que também as Procuradorias Municipais consistem em Função Essencial à Justiça, pois, como já afirmei, suas atribuições equiparam-se

---

[43] VELLOSO, Carlos Mário da Silva. Procurador municipal – Teto de remuneração – Inteligência do art. 37, inciso XI, da Constituição Federal. *In*: NASCIMENTO, Carlos Valder do; DI PIETRO, Maria Sylvia Zanella; MENDES, Gilmar Ferreira (Coord.). *Tratado de direito municipal*. Belo Horizonte: Fórum, 2018. p. 466.

[44] BRASIL. STF. RE nº 663.696. Tribunal Pleno, j. 28.2.2019. Processo Eletrônico Repercussão Geral – Mérito. *DJe*, 183, 22 ago. 2019. Disponível em: https://jurisprudencia.stf.jus.br/pages/search/sjur408947/false. Acesso em: 2 mar. 2022.

ao restante das carreiras integrantes da Advocacia Pública. E, assim, a simetria de tratamento impõe-se, como forma de garantia da defesa de parcela do interesse público e da justiça.[45]

Nada obstante, deve-se registrar que as procuradorias municipais não têm atividades apenas "equiparadas" ao restante das carreiras integrantes da Advocacia Pública. Os procuradores municipais desempenham e executam exatamente atribuições idênticas às exercidas pelos ocupantes das correspondentes carreiras da Advocacia Pública na esfera federal e estadual. Não há o que se equiparar o que, em verdade, conforma a mesma identidade em substância e forma.

Dito de outro modo: não são apenas semelhantes as atribuições referidas, são idênticas.

Por sua vez, bem pondera o Ministro Marco Aurélio em seu voto no julgamento do recurso extraordinário em questão:

> O Procurador, quer o estadual, quer o municipal, defende interesse público – e defende interesse público da mesma envergadura, atuando no campo administrativo e também no contencioso. Não cabe assentar fator de discriminação para dizer-se que, no caso, há de haver tratamento diferenciado, conforme se trate de Procurador estadual ou Procurador municipal.[46]

O interesse público municipal não tem menor importância do que aquela conferida ao federal ou estadual, ao revés, possui mesma relevância constitucional e precisa ser igualmente tutelado.

Nesse contexto, denota-se que a Advocacia Pública Municipal, enquanto integrante das funções essenciais à

---

[45] BRASIL. STF. RE nº 663.696. Tribunal Pleno, j. 28.2.2019. Processo Eletrônico Repercussão Geral – Mérito. DJe, 183, 22 ago. 2019. Disponível em: https://jurisprudencia.stf.jus.br/pages/search/sjur408947/false. Acesso em: 2 mar. 2022.
[46] BRASIL. STF. RE nº 663.696. Tribunal Pleno, j. 28.2.2019. Processo Eletrônico Repercussão Geral – Mérito. DJe, 183, 22 ago. 2019. Disponível em: https://jurisprudencia.stf.jus.br/pages/search/sjur408947/false. Acesso em: 2 mar. 2022.

justiça, possui dimensão constitucional, encontrando-se prevista implicitamente no art. 132 da Constituição Federal de 1988, devendo, pois, assimilar à sua carreira todas as consequências jurídicas de tal enquadramento constitucional.

Assim, ressalta-se que a tese *supra* ainda é reforçada pelo primado constitucional do concurso público, conforme fixado pela Tese nº 1.010 do STF, no sentido de que as competências dos procuradores municipais não podem ser exercidas por servidores comissionados, como melhor se desenvolve no próximo tópico.

2.2 Primado constitucional do concurso público e Tese nº 1.010 do Supremo Tribunal Federal (Recurso Extraordinário nº 1.041.210/SP, em sede de repercussão geral)

O Supremo Tribunal Federal, nos autos do RE nº 1.041.210/SP em sede de repercussão geral, fixou a Tese nº 1.010, segundo a qual servidores comissionados não podem exercer atribuições técnicas, como aquelas competências atribuídas aos procuradores municipais:

> Criação de cargos em comissão. Requisitos estabelecidos pela Constituição Federal. Estrita observância para que se legitime o regime excepcional de livre nomeação e exoneração. Repercussão geral reconhecida. Reafirmação da jurisprudência da Corte sobre o tema.
> 1. A criação de cargos em comissão é exceção à regra de ingresso no serviço público mediante concurso público de provas ou provas e títulos e somente se justifica quando presentes os pressupostos constitucionais para sua instituição.
> 2. Consoante a jurisprudência da Corte, a criação de cargos em comissão pressupõe: a) que os cargos se destinem ao exercício de funções de direção, chefia ou assessoramento, não se prestando ao desempenho de atividades burocráticas, técnicas ou operacionais; b) necessária relação de confiança entre a autoridade nomeante e o servidor nomeado; c) que o número de cargos comissionados criados guarde proporcionalidade com a necessidade que eles visam suprir e com o número de servidores ocupantes de cargos efetivos no ente federativo que os institui; e d) que

as atribuições dos cargos em comissão estejam descritas de forma clara e objetiva na própria lei que os cria.

3. Há repercussão geral da matéria constitucional aventada, ratificando-se a pacífica jurisprudência do Tribunal sobre o tema. Em consequência disso, nega-se provimento ao recurso extraordinário.

4. Fixada a seguinte tese: a) A criação de cargos em comissão somente se justifica para o exercício de funções de direção, chefia e assessoramento, não se prestando ao desempenho de atividades burocráticas, técnicas ou operacionais; b) tal criação deve pressupor a necessária relação de confiança entre a autoridade nomeante e o servidor nomeado; c) o número de cargos comissionados criados deve guardar proporcionalidade com a necessidade que eles visam suprir e com o número de servidores ocupantes de cargos efetivos no ente federativo que os criar; e d) as atribuições dos cargos em comissão devem estar descritas, de forma clara e objetiva, na própria lei que os instituir.[47]

Esse posicionamento da Suprema Corte é decorrência direta das normas dispostas na Carta Constitucional. O art. 37, inc. II, expressa que "a investidura em cargo ou emprego público depende de aprovação prévia em concurso público de provas ou de provas e títulos, de acordo com a natureza e a complexidade do cargo ou emprego, na forma prevista em lei [...]".

E mais, atento ao princípio da igualdade – direito fundamental que é –, a própria Constituição, no citado dispositivo, cuidou de excepcionar o imperativo do concurso público apenas nas hipóteses de contratação temporária ou de cargos comissionados previstos em lei, *in verbis*: "[...] ressalvadas as nomeações para cargo em comissão declarado em lei de livre nomeação e exoneração", estes voltados apenas às funções de direção, chefia e assessoramento.

Desse modo, a criação de cargos comissionados necessita observar os pressupostos constitucionais, quais sejam:

---

[47] BRASIL. STF. *Recurso Extraordinário nº 1041210 RG/SP*. Rel. Min. Dias Toffoli, Tribunal Pleno, public. 22.5.2019. Disponível em: http://portal.stf.jus.br/processos/downloadPeca.asp?id=15340212262&ext=.pdf. Acesso em: 15 set. 2021.

I - A criação de cargos em comissão somente se justifica para o exercício de funções de direção, chefia e assessoramento, não se prestando ao desempenho de atividades burocráticas, técnicas ou operacionais;

II - Tal criação deve pressupor a necessária relação de confiança entre a autoridade nomeante e o servidor nomeado;

III - O número de cargos comissionados criados deve guardar proporcionalidade com a necessidade que eles visam suprir e com o número de servidores ocupantes de cargos efetivos no ente federativo que os criar;

IV - As atribuições dos cargos em comissão devem estar descritas, de forma clara e objetiva, na própria lei que os instituir.

É dizer, em apertada síntese: a regra geral para o exercício da função tipicamente pública é o concurso público e o exercício de atribuições técnicas é exclusivo de servidores ocupantes de cargos efetivos. Isso é, pois, o estado da arte constitucional no que se refere à investidura em cargo ou emprego público.

Assim, as funções públicas, entre elas a Advocacia Pública, devem ser exercidas pelos competentes agentes – servidores efetivos, aprovados em concurso público. A estes são afetadas atividades de caráter permanente, exercendo por excelência a função pública, haja vista que "fazem do serviço público uma profissão, como regra de caráter definitivo, e se distinguem dos demais agentes públicos pelo fato de estarem ligados ao Estado por uma efetiva relação de trabalho".[48]

Reconhece-se, pois, o caráter da definitividade na relação de trabalho entre o Estado e seus servidores, característica própria à categoria dos servidores públicos, haja vista a permanência no desempenho de suas funções.

Outra característica marcante desta relação servidor-Estado é a profissionalidade, no sentido de que os servidores

---

[48] CARVALHO FILHO, José dos Santos. *Manual de direito administrativo*. 35. ed. São Paulo: Atlas, 2021. p. 606.

públicos exercem efetiva profissão quando desempenham suas funções públicas.

A seleção de pessoal através de concurso público é reconhecida como o melhor mecanismo à representação do sistema meritório, por consistir em certame capaz de identificar as aptidões individuais e selecionar tecnicamente os melhores candidatos a se tornarem servidores públicos efetivos, sob os aspectos intelectual, físico e psíquico.

Corroborando este entendimento, veja-se a síntese conceitual apresentada pelo Professor José dos Santos Carvalho Filho:

> Concurso público é o procedimento administrativo que tem por fim aferir as aptidões pessoais e selecionar os melhores candidatos ao provimento de cargos e funções públicas. Na aferição pessoal, o Estado verifica a capacidade intelectual, física e psíquica de interessados em ocupar funções públicas e no aspecto seletivo são escolhidos aqueles que ultrapassam as barreiras opostas no procedimento, obedecida sempre a ordem de classificação. Cuida-se, na verdade, do mais idôneo meio de recrutamento de servidores públicos. Abonamos, então, a afirmação de que o certame público está direcionado à boa administração, que, por sua vez, representa um dos axiomas republicanos.[49]

Além do caráter da definitividade e da profissionalidade na relação de trabalho entre o Estado e seus servidores, é de se destacar que o concurso público é uma forma de concretizar a impessoalidade e a igualdade como critérios obrigatórios de seleção pelo Estado, essenciais, diga-se, para o fiel desempenho das respectivas funções públicas, sem amarras ou comprometimentos políticos.

A cidadania e o princípio da isonomia exsurgem como balizadores de um Estado democrático de direito. Não há cidadania sem o respeito e a promoção do princípio da isonomia. E não há igualdade no ingresso nas carreiras públicas

---

[49] CARVALHO FILHO, José dos Santos. *Manual de direito administrativo*. 35. ed. São Paulo: Atlas, 2021. p. 645.

sem a observância do primado do concurso público. Nessa linha, pode-se afirmar que o concurso público é um direito de índole fundamental, uma garantia à manutenção da boa Administração, em favor da sociedade.

Isso se torna ainda mais patente considerando a história da formação do estado brasileiro, calcado que foi – e ainda permanece em alguns aspectos – no apadrinhamento político-partidário da coisa pública, na confusão habitualmente verificada entre os espaços público e privado e no patrimonialismo.[50]

E se o concurso público é uma exigência constitucional para a investidura em cargo ou emprego público, o que dizer quando se está diante de atribuições do cargo de procurador municipal que integra as funções essenciais à justiça, tal como previsto na Constituição Federal e já reconhecido pelo Supremo Tribunal Federal?

Sobre assunto, o Ministro Carlos Mário da Silva Velloso dispôs:

> A Lei Maior preocupou-se em conferir aos integrantes da Advocacia Pública a prerrogativa de evitar a prática de eventuais atos administrativos ofensivos à legalidade, mediante antecedente exame dos atos administrativos, resguardando o interesse público. Daí o exame da legalidade desses atos, ou o controle jurídico preventivo da Administração, há de se realizado por servidores efetivos, estáveis, preparados, integrantes de corpo técnico especializado, admitidos por concurso público de provas e títulos organizados em carreira. Só assim podem os advogados públicos ou os procuradores dizer que atos do presidente da República, do governador ou secretário de estado ou do prefeito não se amoldam à lei, sem que, por isso, sintam-se amedrontados diante de represálias da autoridade contrariada, o que, evidentemente, não ocorre com ocupante de cargos sem tais garantias.[51]

---

[50] LEAL, Victor Nunes. *Coronelismo, enxada e voto*: o município e o regime. 5. ed. São Paulo: Alfa-Ômega, 1986.

[51] VELLOSO, Carlos Mário da Silva. Procurador municipal – Teto de remuneração – Inteligência do art. 37, inciso XI, da Constituição Federal. *In*: NASCIMENTO, Carlos Valder do; DI PIETRO, Maria Sylvia Zanella; MENDES, Gilmar Ferreira (Coord.). *Tratado de direito municipal*. Belo Horizonte: Fórum, 2018. p. 463.

As funções de representação (judicial e extrajudicial), assim como de consultoria jurídica, estão inseridas na esfera institucional da Advocacia Pública – função essencial à justiça e atividade típica de Estado – a serem exercidas, no plano dos entes municipais, pelos respectivos procuradores municipais, membros que compõem a estrutura administrativa e conformam corpo técnico regularmente integrado por servidores públicos efetivos, admitidos através de concurso público.

Importante, nessa perspectiva, transcrever parte do voto do Ministro Edson Fachin nos autos do já mencionado RE nº 663.696/MG:

> Assim, diante de tantas atribuições impostas pela assunção de autonomia, relativas à saúde, educação, transporte, moradia e tantas outras políticas públicas, os Municípios brasileiros devem se empenhar na especialização e modernização da prestação de serviços essenciais à população, além de eficiência quanto ao controle do dinheiro público. É nesse contexto que se insere a importância da consolidação de uma Advocacia Pública profissional nos Municípios, organizada em carreira, constituída por servidores selecionados por meio de concurso público e aptos no auxílio ao gestor e na defesa judicial dos interesses públicos municipais.[52]

A continuidade do serviço público é garantida com a manutenção de procuradores efetivos no exercício da Advocacia Pública, exatamente pelos caráteres da definitividade e da profissionalidade que qualificam o vínculo entre os servidores públicos efetivos e a Administração Pública, conferindo e resguardando, assim, a memória institucional ao respectivo ente.

Desta forma, a gestão pública alcança melhores patamares de qualidade quando representada e assessorada juridicamente por procuradores efetivos, ao passo em que estes são capazes de lhe garantir técnica e imparcialidade no

---

[52] BRASIL. STF. RE nº 663.696. Tribunal Pleno, j. 28.2.2019. Processo Eletrônico Repercussão Geral – Mérito. *DJe*, 183, 22 ago. 2019. Disponível em: https://jurisprudencia.stf.jus.br/pages/search/sjur408947/false. Acesso em: 2 mar. 2022.

exercício da Advocacia Pública e a permanência da memória institucional, evitando-se a insegurança jurídica e reais prejuízos suportados pelos entes municipais diante da perda de informação e abandono de demandas, como tende a ocorrer na prestação de serviços através de vínculos precário diante da temporariedade que lhes é natural.

No particular, Cristiane da Costa Nery pondera:

> Verifica-se, portanto, que a atuação do Procurador Municipal não se resume mais hoje ao contencioso judicial, mas traduz o reflexo desse contencioso nas políticas públicas, de forma permanente em políticas públicas de estado e que devem ter continuidade na administração pública. É uma garantia do gestor público que sai, na troca de governos, bem como da sociedade, diretamente beneficiada pelos programas e políticas de estado, plenamente distinguíveis das políticas de governo.[53]

A representação judicial e o desempenho da atividade de consultoria e de assessoramento jurídico são prerrogativas institucionais outorgadas pela própria Constituição da República, em caráter de exclusividade, aos procuradores efetivos, em todos os níveis federativos: União, estados e municípios.

A obrigatoriedade constitucional do concurso público para o exercício das atribuições de procurador municipal é uma decorrência cogente, portanto, do estatuto jurídico da Advocacia Pública como carreira de Estado e enquanto função essencial à justiça, tratando-se, pois, de imposição constitucional.

A Comissão Nacional de Advocacia Pública do Conselho Federal da Ordem dos Advogados do Brasil, nessa diretriz, editou a Súmula nº 1: "O exercício das funções da Advocacia Pública, na União, nos Estados, nos Municípios e no Distrito Federal, constitui atividade exclusiva dos advogados públicos

---

[53] NERY, Cristiane da Costa. A constitucionalização da carreira do procurador municipal – Função essencial e típica de estado. *In*: TAVARES, Gustavo Machado; MOURÃO, Carlos Figueiredo; VIEIRA, Raphael Diógenes Serafim (Coord.). *A obrigatoriedade constitucional das procuradorias municipais*. Belo Horizonte: Fórum, 2022. p. 306.

efetivos a teor dos artigos 131 e 132 da Constituição Federal de 1988".

Nessa ordem de ideias e em arremate, uma Advocacia Pública exercida (exclusivamente) por um corpo de procuradores efetivos, pautados eminentemente pela técnica e despidos de anseios políticos e econômicos, proporciona ao Estado lisura e retidão no cumprimento da lei e na defesa de seus interesses, atendendo-se aos preceitos do interesse público e do Estado democrático de direito.

Não obstante as discussões aqui apontadas, a partir de decisões paradigmáticas do STF, quanto ao entendimento de que procuradores municipais desempenham atividades públicas qualificadas constitucionalmente como funções essenciais à justiça, desdobrou-se em discussões nem sempre tão claras e límpidas pela jurisprudência da Corte Suprema, ensejando algumas confusões, baseadas em hermenêuticas distorcidas, razão pela qual se passa a apresentar uma perspectiva de alinhamento técnico e transparente quanto à evolução da jurisprudência do Supremo Tribunal Federal referente à imposição constitucional do órgão da Procuradoria-Geral no seio da Administração Municipal e a vinculação das suas atribuições constitucionais a procuradores e procuradoras de carreira, servidores efetivos das municipalidades.

CAPÍTULO 3

DA EVOLUÇÃO DA JURISPRUDÊNCIA DO SUPREMO TRIBUNAL FEDERAL

Como observado nos capítulos anteriores, o estado da arte constitucional da Advocacia Pública Municipal, como uma das funções essenciais à justiça, foi objeto de longas discussões, resultando na Tese nº 510.

Contudo, há uma nítida confusão no tratamento jurisprudencial sobre a exclusividade para o exercício das atribuições da Advocacia Pública Municipal e a obrigatoriedade de implantação dos órgãos das procuradorias municipais.

Em alguns precedentes, a Suprema Corte entendeu que haveria apenas a exclusividade do exercício de atribuições da Advocacia Pública Municipal aos procuradores efetivos, haja vista a ausência de obrigatoriedade constitucional de importação dos modelos federal e estadual de procuradorias – órgão – para as municipalidades, pois não lhes seria obrigatória a reprodução dos art. 131 e 132 da Constituição Federal.

Em outros julgados, diversamente, mas se valendo dessa mesma fundamentação, o Supremo Tribunal Federal entendeu que não haveria a exclusividade no exercício das atribuições da Advocacia Pública Municipal aos procuradores municipais efetivos.

Nesse sentido, o objetivo deste capítulo consiste na investigação e análise dos fundamentos que legitimaram e pautaram as decisões espaças do Supremo Tribunal Federal referentes à inexistência de imposição constitucional quanto às procuradorias municipais e, ao mesmo tempo, à exclusividade no exercício das atribuições da Advocacia Pública Municipal aos procuradores efetivos, para, posteriormente, examinar em que medida e se esses julgados estariam em desconformidade com o RE nº 663.696/MG – Tese nº 510, e RE nº 1.041.210/SP – Tese nº 1.010, ambos processados sob o regime de repercussão geral.

Para tanto, valeu-se da técnica de pesquisa jurisprudencial no *site* do Supremo Tribunal Federal, sem limitação temporal quanto às decisões colegiadas e com limitação temporal (a partir de fevereiro 2019) em relação às decisões monocráticas, seguindo os critérios de pesquisa pautados na matéria e fundamentos decisórios, conforme detalhadamente descrito a seguir.

3.1 Da análise de conteúdo e vocabulário de motivos

Em sentido geral, o método é "a ordem que se deve impor aos diferentes processos necessários para atingir um fim dado"[54] ou o "procedimento de investigação ordenado, repetível e auto corrigível que garanta a obtenção de resultados válidos",[55] cuja importância reside no disciplinamento da pesquisa a fim de excluir o capricho e o acaso, determinando os meios de investigação e a ordem da pesquisa.

O método busca a evidência objetiva do objeto analisado. Por outro lado, para o conhecimento da natureza das coisas, é necessário analisar, realizar uma operação de decomposição do todo em partes menores para discernir o que é essencial e o

---

[54] REGIS, Jolivet. *Curso de filosofia*. 19. ed. Rio de Janeiro: Agir, 1995. p. 71.
[55] ABBAGNANO, Nicola. *Dicionário de Filosofia*. 2. ed. São Paulo: Mestre Jou, 1962. p. 641.

que é acidental, para depois proceder à síntese como um meio de verificação dos resultados, estabelecendo, assim, relações.

O vocabulário de motivos é uma perspectiva metodológica que parte dos trabalhos de Charles Wright Mills,[56] para quem as ações humanas são pontuadas por motivos, cujos vocabulários situam essas ações em torno de estabilidades.

Isto é, vocabulários de motivos exercem uma função social de estabilizar expectativas e orientar ações, podendo, inclusive, virar *doxia* – algo inquestionável. Nesse sentido, motivos são palavras que antecipam consequências ou questionam condutas.

Nesta pesquisa, a ideia é partir das fontes de produção e reprodução de vocabulários, as decisões judiciais, para identificar os motivos que legitimaram as referidas decisões.

No que se refere às decisões colegiadas, realizou-se a busca no sítio do Supremo Tribunal Federal, com os termos: "advocacia pública municipal" e "procuradoria municipal", sem referência de data e com suas respectivas variações do plural, tendo sido encontrados 131 acórdãos.

No universo destes 131 acórdãos, após leitura livre, foram excluídos os que não diziam respeito à questão de mérito, ou porque tratavam somente de questões processuais, como exemplo, admissibilidade do recurso, ou porque não se referiam à temática essencial objeto ora em estudo. Também não fizeram parte deste universo selecionado os recursos com objetivos aclaratórios de omissões, de obscuridades e contradições de julgados. A mineração desses precedentes resultou em 14 acórdãos.

Por sua vez, quanto às decisões monocráticas, valendo-se dos mesmos termos ("advocacia municipal" e "procuradoria municipal"), mas agora definindo um lapso temporal de

---

[56] MILLS, Charles Wright. Situated actions and vocabularies of motives. *American Sociological Review*, v. 5, n. 6, p. 904-913, 1940.

1º.2.2019 a 6.1.2022, foram encontradas 64 decisões monocráticas, as quais, após filtragem por conteúdo, conforme objetivo desta pesquisa, resultaram no conjunto de 19 decisões singulares.

Neste universo de decisões singulares, o marco temporal inicial foi estabelecido em 1º.2.2019, exatamente porque o RE nº 663.696/MG teve como data de julgamento 20.2.2019, precedente do qual emanou a Tese nº 510 e firmou-se o entendimento jurisprudencial paradigmático; de modo que a jurisprudência ulterior, mesmo as monocráticas, deveriam observar os novos contornos jurídicos traçados através deste precedente colegiado do Plenário da Suprema Corte.

Portanto, o universo total da pesquisa foi construído por 33 precedentes (14 acórdãos e 19 decisões monocráticas), de modo que se buscará extrair o vocabulário de motivos acerca da inexistência de imposição constitucional quanto à instituição de procuradorias municipais e, ao mesmo tempo, da exclusividade do exercício da atribuição da Advocacia Pública Municipal a procuradores efetivos, para, posteriormente, examinar em que medida e se esses julgados estariam em desconformidade com o RE nº 663.696/MG – Tese nº 510, e RE nº 1.041.210/SP – Tese nº 1.010, ambos processados sob o regime de repercussão geral.

O aprofundamento da pesquisa teve como primeiro passo a leitura do inteiro teor das 33 decisões caso a caso. Em um segundo momento, trechos de decisões foram desconsiderados a fim de se ater apenas aos vocabulários que estavam sendo apresentados como motivos pelo Supremo Tribunal Federal sobre o tema pesquisado, os quais impuseram uma classificação bem definida.

Antes de apresentar o agrupamento das decisões em temas, é importante adiantar que algumas decisões não foram enquadradas em nenhuma das três temáticas a seguir detalhadas. Essas situações são exceções.

No que tange às decisões colegiadas, ficaram excluídas as ADIs nºs 881 e 4.261, visto que referentes a questões que não pertencem à alçada municipal. O mesmo ocorre em relação aos REs nºs 225.777/MG e 663.696/MG, porque o primeiro trata de legitimidade ativa do Ministério Público para ajuizamento de ação civil pública na defesa do patrimônio público e o segundo cuida de teto remuneratório do procurador municipal e do enquadramento como função essencial à justiça, ou seja, matérias estranhas aos critérios fixados nas temáticas adiante discriminadas.

Por sua vez, do conjunto das 19 decisões monocráticas, há duas referentes a matérias díspares às que foram agrupadas abaixo, mas que, ainda assim, mencionavam elementos referentes à condição de procuradores enquadrados como função essencial à justiça, quais sejam: Recurso Extraordinário com Agravo nº 1.311.066/SP, no qual se discutia qual o órgão que executa o quadro avaliativo de estabilidade e o RE nº 1181766/ES que debatia se o procurador-adjunto poderia substituir o procurador-geral.

De maneira geral, foi possível agrupar os acórdãos e as decisões monocráticas sob os seguintes critérios temáticos:

(a) ocupação do cargo de chefia da Procuradoria-Geral do Município (PGM): cargo comissionado ou procurador de carreira (efetivo);
(b) exclusividade do exercício das atribuições da Advocacia Pública Municipal aos procuradores efetivos: criação de cargo em comissão (portanto, sem concurso público), para executar atividade-fim de defesa de interesses do ente federativo; e
(c) obrigatoriedade de instituição do órgão da Procuradoria Mu3nicipal na estrutura administrativa da municipalidade (arts. 131 e 132 da CRFB/88).

Nesse sentido, agrupando-se por critério temático (A, B e C conforme acima descrito), foi produzido o quadro a seguir.

Tema	Acórdãos	Total 10	Decisões monocráticas	Total 17
A (Ocupação do cargo de chefia da Procuradoria-Geral do Município (PGM) – Cargo comissionado ou procurador de carreira)	RE nº 883.446 RE nº 1.041.210 RE nº 1.292.739	3	RE nº 1.162.143 RE nº 1.270.735	2
B (Exclusividade das atribuições da Advocacia Pública a procuradores efetivos: criação de cargo em comissão (portanto, sem concurso público), para executar atividade-fim de defesa de interesses do ente federativo)	RE nº 1.087.871 RE nº 1.160.904 RE nº 1.188.648	3	RE nº 1.278.974 RE nº 1.288.627 RE nº 1.321.595 RE nº 1.322.114 RE nº 832.879 RE nº 759.931 RE nº 1.472 RE nº 690.765 RE nº 1.195.179 RE nº 1.202.618 RE nº 1.263.920	11
C (Obrigatoriedade de instituição do órgão da Procuradoria Municipal na estrutura administrativa da municipalidade – arts. 131 e 132 da CRFB/88)	RE nº 893.694 RE nº 1.157.047 RE nº 1.156.016 RE nº 1.097.053	4	RE nº 1.205.434 RE nº 1.246.555 RE nº 1.297.773 RE nº 1.176.579	4

Como se observa, na maioria dos precedentes selecionados, discutiram-se se as atribuições do cargo de procurador municipal poderiam ser exercidas por ocupantes de cargos comissionados, temática B.

Ocorre que, mesmo nestes precedentes que versavam sobre o exercício das atribuições Advocacia Pública por servidores comissionados (Tema B), as questões referentes à reprodução obrigatória dos arts. 131 e 132 da CRFB/88 foram abordadas e discutidas.

Esta pesquisa jurisprudencial realizada evidenciou que a discussão quanto à reprodução obrigatória dos arts. 131 e 132 da CRFB/88, ou seja, quanto à necessidade ou não de instituição na estrutura municipal do órgão da Procuradoria-Geral do Municipal, por vezes, foi manejada de maneira tangencial e equivocada nos julgamentos do STF, sendo reproduzida até mesmo em precedentes nos quais não havia nenhuma pertinência com o assunto.

Nesse sentido, a partir da leitura de todas as decisões selecionadas na pesquisa, percebeu-se a recorrência de precedentes que, apesar de não guardarem propriamente relação com a obrigatoriedade ou não de instituição formal da Procuradoria Municipal, traziam reiteradamente tal argumento como fundamento decisório e justificativa.

Verificou-se que, por vezes, que houve referência aos arts. 131 e 132 da CRFB/88 nos precedentes do STF selecionados, como exemplo: "não há previsão constitucional quanto à obrigação dos municípios em criar órgão de advocacia pública, exigência essa que feriria o poder de auto-organização dos entes municipais", nada obstante estes julgados tratarem de objeto estranho à obrigatoriedade ou não de instituição formal da Procuradoria Municipal.

Desse modo, os autores verificaram a utilização de fundamentos decisórios relativos à reprodução dos arts. 131 e 132 da CRFB/88 em face dos entes municipais em precedentes que, ontologicamente, não versavam sobre esta matéria, mas que a abordavam sem muita profundidade e, por vezes, de maneira distorcida, ensejando tumulto e confusão jurisprudencial sobre a temática voltada à instituição (obrigatória ou não) das procuradorias municipais, abrindo espaço para se estabelecer supostos precedentes sobre a matéria.

Esta abordagem *en passant* e sem profundidade foi utilizada recorrentemente em decisões do STF, monocráticas e colegiadas, apesar de estas se referirem a objetos diversos e de pedidos que não tinham pertinência com o referido tema voltado à exclusividade para o exercício das atribuições da Advocacia Pública Municipal e a obrigatoriedade de implantação dos órgãos das procuradorias municipais.

3.2 A recorrência dos precedentes: acertos e desacertos, análises e cruzamentos

Antes de iniciar a análise deste tópico 3.2, é importante lembrar que o objetivo geral do Capítulo 3 consiste na investigação e exame dos motivos que fundamentaram os julgados do Supremo Tribunal Federal no tocante à inexistência de imposição constitucional das procuradorias municipais e ao mesmo tempo à exclusividade do exercício das atribuições da Advocacia Pública Municipal a procuradores efetivos, a fim de que, em um segundo momento, seja possível observar em que medida e se esses julgados estariam em desconformidade com o RE nº 663.696/MG que assentou que os procuradores municipais integram as cognominadas funções essenciais à justiça, processado sob o regime de repercussão geral – Tese nº 510, e com RE nº 1.041.210/SP, também processado sob o regime de repercussão geral, Tese nº 1.010.

Com essa perspectiva, fez-se, conforme detalhamento no subcapítulo anterior, busca no *site* do Supremo Tribunal Federal a partir dos argumentos de pesquisas e com os recortes temporais, e depois o processo de mineração e leitura livre dos julgados obtidos, momento em que se percebeu a conjunção de vários fatores que levou à classificação das decisões em razão da identidade temática em 3 universos: A – Ocupação do cargo de chefia da Procuradoria-Geral do Município (PGM): cargo comissionado ou procurador de carreira; B – Exclusividade das atribuições da Advocacia Pública Municipal a procuradores efetivos: criação de cargo em comissão (portanto, sem concurso público), para executar atividade-fim de defesa de interesses do ente federativo; C – Obrigatoriedade de instituição do órgão da Procuradoria Municipal na estrutura administrativa da municipalidade (arts. 131 e 132 da CRFB/88).

Finalmente, a partir disso e da leitura das decisões selecionadas na pesquisa, observou-se recorrência de citação de reiterados "precedentes" nas ditas decisões.

Para fins de conferir racionalidade ao escopo do trabalho, entendeu-se por examinar apenas as decisões que foram reiteradamente citadas no corpo daqueles julgados.

Neste ponto, sob o foco da recorrência, entre o conjunto dos 33 precedentes inicialmente selecionados, extraiu-se apenas as decisões que foram reiteradamente citadas como precedentes em julgados posteriores, entendendo-se como tal aquelas que foram replicadas em ao menos 3 outros julgados. Assim, chegou-se ao recorte final de 6 decisões, quais sejam: ADI nº 881, ADI nº 4.261, RE nº 225.777/MG, RE nº 690.765/MG, RE nº 893.694/SE, RE nº 883.446/SP. Veja-se quadro a seguir:

Recorte de precedentes (6 precedentes selecionados)	Citações em acórdão	Citações em decisões monocráticas
ADI nº 881	2	2
ADI nº 4.261	1	2
RE nº 225.777/MG	5	7
RE nº 690.765/MG	2	4
RE nº 893.694/SE	6	9
RE nº 883.446/SP	4	2

Assim, a partir dos precedentes considerados mais relevantes (visto que mais replicados pela própria jurisprudência do STF), passa-se à análise sucinta do conteúdo dessas 6 decisões acima elencadas.

O escopo deste item reside, portanto, em examinar os 6 precedentes reiterados (ADI nº 881, ADI nº 4.261, RE nº 225.777/MG, RE nº 690.765/MG, RE nº 893.694/SE, RE nº 883.446/SP), enquanto decisões replicadas pela Suprema Corte dentro do recorte metodológico realizado.

Nesse sentido, segue-se à análise de como estes julgados paradigmáticos acima selecionados foram manejados enquanto precedentes do STF, a fim de se identificar seus acertos, desacertos, e seus os respectivos vocabulários de motivo.

3.2.1 ADI nº 881

A ADI nº 881, interposta pelo Conselho Federal da Ordem dos Advogados do Brasil, julgada em 2.8.1993, trabalhou especificamente a questão da Procuradoria do Estado do Espírito Santo diante da edição de lei estadual que estabelecia o cargo comissionado de assessor jurídico com atribuições próprias da Advocacia Pública.

A decisão do Supremo Tribunal Federal neste caso, emanada pelo Pleno, consignou que o processo de investidura deveria se dar por meio de concurso público de provas e títulos e pontuou que o art. 132 da CRFB/88 é "norma com eficácia vinculante e cogente para as unidades federadas locais",[57] aplicando-se, pois, às procuradorias de estado, já que "delineou o seu perfil e discriminou as atividades inerentes ao cargo e agentes que a compõem".[58] Assim, o STF entendeu pela inconstitucionalidade da referida lei, considerando haver

---

[57] BRASIL. STF. ADI nº 881. Tribunal Pleno, j. 2.8.1993. *DJ*, 25 abr. 1997. Disponível em: https://redir.stf.jus.br/paginadorpub/paginador.jsp?docTP=AC&docID=346663. Acesso em: 29.3.2022.

[58] BRASIL. STF. ADI nº 881. Tribunal Pleno, j. 2.8.1993. *DJ*, 25 abr. 1997. Disponível em: https://redir.stf.jus.br/paginadorpub/paginador.jsp?docTP=AC&docID=346663. Acesso em: 29.3.2022.

exclusividade para o exercício da função de defesa dos interesses do Estado federado, vez que "não quis a Constituição que o exame da legalidade dos atos da Administração Estadual se fizesse por servidores não efetivos".[59]

3.2.2 ADI nº 4.261

No mesmo sentido, na ADI nº 4.261, julgada em 2.8.2010 pelo Pleno do Supremo Tribunal Federal, foi promovida pela Associação Nacional dos Procuradores dos Estados e do Distrito Federal. A Corte Suprema entendeu ser inconstitucional norma estadual que previa que o assessoramento jurídico do Poder Executivo Estadual poderia ser desempenhado por ocupante de cargo de provimento em comissão. Na oportunidade, os ministros destacaram, invocando os arts. 131 e 132 da CRFB/88, que "a exclusividade de procuradores do Estado para a atividade de consultoria e representação jurídicas, entendidas aqui como assessoramento e procuratório judicial, é incompatível com cargos em comissão".[60]

Cumpre pontuar que a ADI nº 4.261 foi julgada muitos anos após a ADI nº 881, tendo decorridos exatos dezessete anos entre os dois julgamentos, datados de 2010 e 1993, respectivamente. Perceba-se que quando do julgamento da ADI nº 881, a Constituição Federal tinha poucos anos de vigência e, consequentemente, ainda não existia uma densidade jurisprudencial quanto ao controle de constitucionalidade com base nos dispositivos dos arts. 131 e 132 da CRFB/88.

Nada obstante, diante da pujança e acerto do julgado, a ADI nº 881 manteve-se como decisão paradigmática,

---

[59] BRASIL. STF. ADI nº 881. Tribunal Pleno, j. 2.8.1993. *DJ*, 25 abr. 1997. Disponível em: https://redir.stf.jus.br/paginadorpub/paginador.jsp?docTP=AC&docID=346663. Acesso em: 29.3.2022.
[60] BRASIL. STF. ADI nº 4261. Tribunal Pleno, j. 2.8.2010. *DJe*, 154, 20 ago. 2010. Disponível em: https://redir.stf.jus.br/paginadorpub/paginador.jsp?docTP=AC&docID=613544. Acesso em: 29 mar. 2022.

enquadrando-se nesta pesquisa como um dos precedentes mais replicados em decisões supervenientes que versavam sobre a matéria constitucional.

Desta forma, considerando-se a ADI nº 881 como legítimo precedente, entende-se como conduta acertada a sua referência enquanto precedente da Suprema Corte na ADI nº 4.261, uma vez que, realmente, a *ratio decidendi* deste julgado consistia em discutir o provimento por concurso público da carreira de procurador de Estado, tendo em vista a necessidade de este possuir, segundo voto do Ministro Carlos Ayres Brito na ADI nº 4.261, "independência e qualificação que hão de presidir a atuação de quem desenvolve as atividades de orientação e representação jurídica, tão necessárias ao regular funcionamento do Poder Executivo".[61]

Por sua vez, analisando as 4 (quatro) decisões monocráticas que citaram as ADIs nºs 881 e 4.261 como precedentes, percebem-se acertos e desacertos neste conjunto.

Acerta a decisão monocrática proferida pelo Ministro Luís Roberto Barroso no RE nº 759.931/ES, datado de 9.12.2014, que maneja as ADIs nº 881 e 4.261 como fundamento meritório, concluindo pela manutenção da decisão recorrida, a qual se baseou no princípio da simetria para afirmar que "advocacia pública municipal deve seguir os moldes estabelecidos para a União e para o Estado".[62] Assim, conclui-se que, neste caso, a referência às ADIs nºs 881 e 4.261 como precedentes foi realizada de maneira legítima.

Correta, de igual maneira, a decisão monocrática prolatada pelo Ministro Gilmar Mendes que negou seguimento ao RE nº 1.160.904/SP, datado de 25.6.2019, tratando de matéria

---

[61] BRASIL. STF. ADI nº 4261. Tribunal Pleno, j. 2.8.2010. *DJe*, 154, 20 ago. 2010. Disponível em: https://redir.stf.jus.br/paginadorpub/paginador.jsp?docTP=AC&docID=613544. Acesso em: 29 mar. 2022.
[62] BRASIL. STF. RE 759.931. Min. Luís Roberto Barroso, j. 9.12.2014. *DJe*, 244, 12 dez. 2014. Disponível em: http://portal.stf.jus.br/processos/downloadPeca.asp?id=288410797&ext=.pdf. Acesso em: 29 mar. 2022.

municipal e que cita como fundamento as duas ADIs, nºs 881 e 4.261. No referido caso, o recurso de agravo regimental interposto pela Prefeitura de Poá teve o provimento negado, uma vez que a Segunda Turma do STF, no voto do Ministro Gilmar Mendes, mantendo a decisão monocrática, entendeu que "o desempenho das atividades de assessoramento jurídico no âmbito do Poder Executivo é prerrogativa dada aos procuradores pela Constituição Federal".[63]

Acerta também o RE nº 1.188.648/SP, datado de 24.06.2019, um agravo interno interposto pelo Ministério Público de São Paulo contra o prefeito do município de Barueri e que teve seu provimento negado pela Primeira Turma do STF, oportunidade na qual, no voto do Ministro Alexandre de Moraes, preconizou que o exercício das atribuições da Advocacia Pública é reservado aos procuradores municipais, com os seguintes argumentos:

> [...] as normas veiculadas nos artigos 131 e 132 da Constituição Federal não são de observância obrigatória pelos Municípios.
>
> [...] não estando a organização da advocacia pública inserida nas estritas lindes estabelecidas no art. 29, da Constituição Federal, não há que se falar em inconstitucionalidade da legislação municipal, que cria Secretaria de Negócios Jurídicos e define suas atribuições, respeitadas, contudo, as atribuições constitucionalmente previstas para os procuradores.[64]

Observa-se no último trecho que o raciocínio do STF se manteve em consonância com o entendimento já antes esposado pela Corte de que o cargo de procurador, seja estadual

---

[63] BRASIL. STF. RE nº 1.160.904. Segunda Turma, j. 27.9.2019. *DJe*, 219, 9 out. 2019. Disponível em: https://redir.stf.jus.br/paginadorpub/paginador.jsp?docTP=TP&docID=751098398. Acesso em: 29 mar. 2022.

[64] BRASIL. STF. RE nº 1.188.648. Primeira Turma, j. 24.6.2019. *DJe*, 167, 1º ago. 2019. Disponível em: https://redir.stf.jus.br/paginadorpub/paginador.jsp?docTP=TP&docID=750384666. Acesso em: 29 mar. 2022.

seja municipal, deve se dar por provimento de concurso público de provas e títulos, citando as ADIs nºs 881 e 4.261.

É importante ressaltar que houve diferenciação entre a necessidade da carreira e respectivos provimentos dos cargos de procuradores municipais e a estruturação com órgão de Procuradoria Municipal, questão que será aprofundada mais adiante, no próximo tópico desta obra.

Por sua vez, a decisão monocrática prolatada pelo Ministro Gilmar Mendes no RE nº 1.288.627/SP, datada de 15.10.2021, ao referir-se à ADI nº 4.261, apontou que "não sejam delegadas funções de assessoramento jurídico para agentes públicos ocupantes de cargo em comissão[...]";[65] de modo que reafirmou a obrigatoriedade de provimento do cargo de procurador por meio de concurso público de provas e títulos.

A essência que se extrai do conjunto dessa análise é que ao longo dos anos o STF ampliou, como não poderia deixar de ser, dos estados para os municípios o entendimento de que o provimento do cargo de procuradores deve ser realizado por meio de concurso público de provas e títulos; o que não tem nenhuma relação direta com a reprodução obrigatória ou não da estruturação do órgão Procuradoria no município; questão que será analisada mais adiante.

A necessidade de provimento efetivo quanto aos cargos de procurador advém do art. 37, inc. II, da Constituição, que trata da regra republicana do concurso público como critério de impessoalidade, do princípio da simetria e do fato de as atribuições serem de grande relevância ao Estado democrático de direito – função essencial à justiça em todo e qualquer ente federativo, sustentado pela legalidade dos atos.

---

[65] BRASIL. STF. RE 1.288.627. Min. Gilmar Mendes, j. 15 out. 2021. *DJe*, 207, 19 out. 2021. Disponível em: https://jurisprudencia.stf.jus.br/pages/search/despacho1245377/false. Acesso em: 29 mar. 2022.

Desse modo, não surpreende que desde 1993, ano do julgamento da ADI nº 881, esse entendimento vem sendo mais e mais solidificado na jurisprudência do STF, tornando-se ainda mais robusto com a fixação das teses nºs 510[66] e 1.010.[67]

3.2.3   RE nº 225.777/MG

O RE nº 225.777/MG merece maiores digressões, uma vez que, apesar de não ser o mais referenciado diretamente, indiretamente o é, considerando-se que o RE nº 893.694/SE (que é um dos 6 precedentes reiterados selecionados) toma como base o RE nº 690.765/MG (que também é um dos 6 precedentes reiterados selecionados), o qual, por sua vez, toma por base este RE nº 225.777/MG. Em suma, além de este constar como um dos 6 precedentes reiteradamente citados em julgados ulteriores, outros 2 (dois) julgados deste universo selecionado fazem remissão a este em último plano enquanto precedente.

Isto é, na circularidade desse conjunto, o RE nº 225.777/MG é usado como fonte de precedente em inúmeros julgados. Assim, a compreensão da centralidade deste recurso extraordinário no debate é fundamental para identificar as análises e suas repercussões.

O RE nº 225.777/MG teve como relator o Ministro Eros Grau e como redator o Ministro Dias Toffoli, tendo sido julgado em 24.2.2011 pelo Pleno do Supremo Tribunal Federal.

---

[66] "A expressão 'Procuradores', contida na parte final do inciso XI do art. 37 da Constituição da República, compreende os Procuradores Municipais, uma vez que estes se inserem nas funções essenciais à justiça, estando, portanto, submetidos ao teto de noventa inteiros e vinte e cinco centésimos por cento do subsídio mensal, em espécie, dos Ministros do Supremo Tribunal Federal".

[67] a) A criação de cargos em comissão somente se justifica para o exercício de funções de direção, chefia e assessoramento, não se prestando ao desempenho de atividades burocráticas, técnicas ou operacionais; b) tal criação deve pressupor a necessária relação de confiança entre a autoridade nomeante e o servidor nomeado; c) o número de cargos comissionados criados deve guardar proporcionalidade com a necessidade que eles visam suprir e com o número de servidores ocupantes de cargos efetivos no ente federativo que os criar; e d) as atribuições dos cargos em comissão devem estar descritas, de forma clara e objetiva, na própria lei que os instituir.

Alerta-se que neste julgado não foi analisada, propriamente, e de forma vertical, a dimensão constitucional da Advocacia Pública Municipal, as suas atribuições e a titularidade do exercício de tais misteres.

Contudo, pontua-se, de logo, que o RE nº 225.777/MG não consiste em um legítimo precedente do Supremo Tribunal Federal sobre a matéria aqui analisada, qual seja, a inexistência de imposição constitucional das procuradorias municipais e a exclusividade do exercício das atribuições da Advocacia Pública Municipal a procuradores efetivos.

Explica-se. O mérito deste recurso extraordinário era a legitimidade *ad causam* do Ministério Público Estadual para ajuizamento de ação civil pública na defesa do patrimônio público, no caso: "a anulação de contrato de compra e venda de imóvel e a afirmação de pretenso direito ao ressarcimento de danos ao patrimônio público municipal". A situação fática e jurídica envolvia a atuação do ex-gestor da Prefeitura de Viçosa. O Ministro Eros Grau, em trecho do seu voto, consignou:

> Em suma: o Ministério Público não é titular de legitimidade para pleitear a anulação de contratos administrativos considerados lesivos ao patrimônio público, onde não há direito ou interesse difuso. Insisto em que aí não se trata de direito ou interesses cujos titulares sejam pessoas indeterminadas.[68]

O Ministro Dias Toffoli, após pedido de vista, apresentou voto divergente entendendo pela legitimidade do Ministério Público, e em um dos pontos abordou a questão, de forma tangencial, do órgão da Advocacia Pública Municipal, como no trecho que se segue:

---

[68] BRASIL. STF. RE 225.777. Tribunal Pleno, j. 24.2.2011. *DJe*, 165, 29 ago. 2011. Disponível em: https://redir.stf.jus.br/paginadorpub/paginador.jsp?docTP=AC&docID=626787. Acesso em: 29 mar. 2022.

Ressalte-se, em arremate, que a não previsão, na Constituição Federal, da obrigatória instituição da figura da advocacia pública no âmbito dos municípios brasileiros reforça, ainda mais, essa convicção, na medida em que muitos desses não contam com adequado serviço próprio de assessoria jurídica, o que torna imprescindível a atuação do Ministério Público, tal como se deu na hipótese em análise nestes autos.[69]

Ocorre que, apesar de esta posição refletir apenas e tão somente uma passagem isolada no corpo do voto em pedido de vista e explanada através de mero *obter dictum*,[70] este julgado passou a ser referido dentro do próprio Supremo Tribunal Federal, seja através de suas turmas, seja através de decisões monocráticas de seus ministros, como "verdadeiro" precedente jurisprudencial da Corte, para fins de consignar a existência de (suposta) jurisprudência consolidada sobre a inexistência de obrigatoriedade constitucional quanto à implantação do órgão Procuradoria Municipal, incorrendo-se em graves distorções.

Perceba-se o argumento do Ministro Dias Toffoli, esposado em seu voto-vista no RE nº 225.777/MG, no sentido de que "a não previsão, na Constituição Federal, da obrigatória instituição da figura da advocacia pública no âmbito dos municípios brasileiros"[71] não foi levantada na qualidade de fundamentos jurídicos que sustentavam a decisão. Ao revés, foi referida de forma tangencial ao mérito do julgado, representando apenas e tão somente mera análise periférica que não vincula juízes nem tribunais, nem, outrossim, consolida entendimento jurisprudencial do Supremo Tribunal Federal. Em suma, é matéria qualificada como *obiter dictum*.

---

[69] BRASIL. STF. RE 225.777. Tribunal Pleno, j. 24.2.2011. *DJe*, 165, 29 ago. 2011. Disponível em: https://redir.stf.jus.br/paginadorpub/paginador.jsp?docTP=AC&docID=626787. Acesso em: 29 mar. 2022.
[70] Para um estudo aprofundado sobre a temática de precedentes, verificar em: PEIXOTO, Ravi. *Superação do precedente e segurança jurídica*. 2. ed. Salvador: JusPodivm, 2016.
[71] BRASIL. STF. RE 225.777. Tribunal Pleno, j. 24.2.2011. *DJe*, 165, 29 ago. 2011. Disponível em: https://redir.stf.jus.br/paginadorpub/paginador.jsp?docTP=AC&docID=626787. Acesso em: 29 mar. 2022.

Entenda-se, não era ponto objeto da decisão, seja porque não constava como pedido, seja porque não constava como causa de pedir. Foi trazido pelo Ministro Dias Toffoli de forma lateral ao enfrentamento da questão da legitimidade ativa *ad causam* do Ministério Público para o ajuizamento de ação civil pública na defesa do patrimônio público municipal, sem maior aprofundamento. Tratava-se, portanto, de argumento *obiter dictum* e que, em realidade, fugia à discussão da causa.

Desta forma, enquanto argumento *obter dictum*, não foi sequer debatido pelos demais ministros, assim como não foi objeto de discussão entre as partes envolvidas no processo.

Em sendo assim, não se revestindo da qualidade de fundamento determinante, não possui o RE nº 225.777/MG efeito de precedente vinculante, não podendo se revestir desta autoridade diante das razões já acima dispostas.

Desta forma, as citadas decisões monocráticas e os acórdãos turmários que se basearam neste argumento esposado pelo Ministro Dias Toffoli, despido de caráter vinculante e da qualidade de legítimo precedente da Corte Suprema, para fundamentar o entendimento que não haveria imposição constitucional à estruturação de procuradorias municipais, por não ser "obrigatória instituição da figura da advocacia pública no âmbito dos municípios brasileiros", em verdade, fundamentaram suas bases meritórias em um *locus* ilegítimo e sem relação verdadeira com fundamentos determinantes do julgamento apontado como paradigma. É dizer, não se basearam em legítimo precedente da Corte Suprema, fazendo-se uso de pretenso precedente do STF para fundamentar suas respectivas decisões.

Quantos aos demais precedentes selecionados na pesquisa, vejamos as análises, rememorando-se o que já foi dito acima: o RE nº 893.694/SE se fundamentou na decisão monocrática expedida no RE nº 690.765/MG e esta foi derivada diretamente do acórdão RE nº 225.777/MG, formando uma corda de caranguejos.

3.2.4 RE nº 690.765/MG

O RE nº 690.765/MG, datado de 5.8.2014, foi interposto pelo Ministério Público de Minas Gerais e discute a terceirização de serviços advocatícios, no qual a pretensão recursal não foi acolhida, sob o fundamento que os arts. 131 e 132 não seriam de reprodução obrigatória para os municípios, dado o poder de auto-organização das municipalidades, permitindo-lhes a liberdade de instituir ou não órgãos de Advocacia Pública em suas administrações.

Na ocasião, o Ministro Ricardo Lewandowski, em decisão monocrática, negando seguimento ao RE nº 690.765/MG, citou suposto precedente jurisprudencial com base no argumento levantado no RE nº 225.777/MG, para dispor:

> Quanto à alegada obrigatoriedade dos municípios instituírem órgãos de advocacia pública em suas administrações, o acórdão recorrido harmoniza-se com o que assentado pelo Plenário desta Suprema Corte no julgamento do Recurso Extraordinário 225.777/MG, Redator para o acórdão o Min. Dias Toffoli, pois não há na Constituição Federal previsão que os obrigue a essa instituição.[72]

Estar-se, pois, diante de mais um julgado que, fundamentando-se em pretenso precedente, faz referência a uma suposta jurisprudência assentada pelo Plenário desta Suprema Corte que, em verdade, nunca foi fixada.

3.2.5 RE nº 893.694/SE

O RE nº 893.694/SE, julgado pela Segunda Turma do STF por ocasião do agravo regimental em 20.10.2016, de igual maneira cita como fundamento, além do RE nº 690.765/MG

---

[72] BRASIL. STF. RE 690.765. Min. Ricardo Lewandowski, j. 5.8.2014. *DJe*, 154, 12 ago. 2014. Disponível em: https://jurisprudencia.stf.jus.br/pages/search/despacho432033/false. Acesso em: 29 mar. 2022.

analisado acima, o RE nº 225.777/MG. Veja-se a ementa do RE nº 893.694/SE:

> RECURSO EXTRAORDINÁRIO – AUSÊNCIA DE IMPOSIÇÃO CONSTITUCIONAL PARA A CRIAÇÃO DE ÓRGÃO DE ADVOCACIA PÚBLICA MUNICIPAL – DECISÃO QUE SE AJUSTA À JURISPRUDÊNCIA PREVALECENTE NO SUPREMO TRIBUNAL FEDERAL – CONSEQUENTE INVIABILIDADE DO RECURSO QUE A IMPUGNA – SUBSISTÊNCIA DOS FUNDAMENTOS QUE DÃO SUPORTE À DECISÃO RECORRIDA – SUCUMBÊNCIA RECURSAL (CPC/15, ART. 85, §11) – NÃO DECRETAÇÃO, POR TRATAR-SE, AUSENTE SITUAÇÃO DE COMPROVADA MÁ-FÉ, DE PROCESSO DE AÇÃO CIVIL PÚBLICA (LEI Nº 7.347/85, ART. 18) – AGRAVO INTERNO IMPROVIDO.[73]

O RE nº 893.694/SE, que se fundamentou na decisão monocrática expedida no RE nº 690.765/MG e está derivada diretamente do acórdão RE nº 225.777/MG, forma uma sequência problemática de utilização de precedente ilegítimo da Corte Superior, propagando um equivocado entendimento supostamente pacificado.

Assim, têm-se várias relações imbricadas com o RE nº 225.777/MG, de modo que é pertinente e justificam-se algumas análises conjuntas de REs derivados de uma das três referências de precedente.

O primeiro grupo diz respeito ao conjunto A, cujo debate é a forma como se estabelece o cargo de chefia do órgão da Advocacia Pública Municipal: cargo comissionado ou procurador de carreira.

As decisões colegiadas no RE nº 1.292.739/SP, no RE nº 1.162.143/SP e a monocrática no RE nº 1.270.735/SP fazem confusão, quando se baseiam no argumento de que "[...] inexistem normas constitucionais de reprodução obrigatória que

---

[73] BRASIL. STF. *RE 893694 AgR*. Rel. Celso de Mello, Segunda Turma, j. 21.10.2016.

imponham ao poder legislativo local a instituição de advocacia pública municipal".[74]

Observe-se que os julgados manejados como precedentes – RE nº 225.777/MG, RE nº 690.765/MG e RE nº 893.694/SE –, além de basearem em fundamento *obiter dictum* como já dito anteriormente, tornaram-se um novo *obter dictum* para decisões futuras, pois também não tinham como objeto de debate a estruturação do órgão Procuradoria Municipal, questão absolutamente divergente daquela que estava sob julgamento.

O outro grupo de questões diz respeito ao conjunto B, cujo debate é a forma de provimento de cargos da Advocacia Pública Municipal – se as atribuições da Advocacia Pública poderiam ser exercidas por comissionados ou por pessoas com vínculos precários com o Poder Público.

A decisão colegiada no RE nº 1.188.648/SP, datado de 24.6.2019, já referido acima quando da análise das ações diretas de inconstitucionalidade, apesar de tratar do provimento de cargos de procuradores por meio de concurso, acertando no manejo das ADIs nºs 881 e 4.261 como precedente neste ponto, incide em um problema na parte que diz respeito à instituição do órgão de procuradorias nos municípios quando reproduz o RE nº 225.777/MG e o RE nº 893.694/SE.

Já as decisões monocráticas que replicaram esses pretensos precedentes (REs nºs 1.202.618/MS, 1.263.920/SE, 1.321.595/SE, 1.176.579/GO, 1.195.179/SE, 1.205.434/SP, 1.322.114/SE) também incidem na mesma incongruência. No caso deste último, o RE nº 1.322.114/SE, destaca-se:

> A toda evidência, não há na Constituição Federal comando que determine, aos entes federativos municipais, a obrigatoriedade de instituição de quadro de carreira de procuradores, acessível por concurso de provas e títulos, para representação judicial e consultoria jurídica dessas respectivas unidades da federação, porquanto os arts.

---

[74] BRASIL. STF. *RE 1.292.739*. Rel. Edson Fachin, j. 11.3.2021.

131 e 132 da Carta direcionam tal dever apenas à União, aos Estados e ao Distrito Federal.[75]

Observe-se, ainda, por exemplo, o mencionado RE nº 1.176.579/GO, cujo objeto debatido é se "a advocacia pública deve ser exercida por servidores organizados em carreira e admitidos mediante concurso público", mas tem como fundamento expresso na decisão monocrática do Ministro Marco Aurélio que: "[...] inexiste, considerada a Constituição Federal, obrigatoriedade de os Municípios criarem órgãos de Advocacia Pública. Precedentes: recurso extraordinário nº 225.777/MG [...]".[76] Ou seja, há uma evidente confusão entre a obrigatoriedade da existência do cargo de procurador e do órgão Procuradoria Municipal.

Por fim, quanto à análise do conjunto C, conjunto de decisões que versam sobre a temática da obrigatoriedade de organização da municipalidade em termos de formatar administrativamente o órgão da Procuradoria Municipal (arts. 131 e 132 da CRFB/88), importante apontar algumas incongruências.

As decisões colegiadas apresentadas nos REs nº 1.087.871/SP, 1.097.053/SP, 1.157.047/SP, 1.156.016/SP, 1.097.053/SP e nas decisões monocráticas nºs 1.297.773/SP, 1.263.920/SE, 1.321.595/SE, 1.322.114/SE, RE nºs 1.205.434/SP e 1.176.579/GO não apresentam em si nenhum fundamento senão que a decisão recorrida estaria de acordo com a jurisprudência pacífica do STF, mencionando o RE nº 225.777/MG.

Por exemplo, o voto do Ministro Marco Aurélio no RE nº 1.097.053/SP assenta que "o Colegiado de origem está em sintonia com a jurisprudência do Supremo, segundo a qual

---

[75] BRASIL. STF. RE 1.322.114, Min. Nunes Marques, j. 2.8.2021. *DJe*, 159, 10.8.2021. Disponível em: https://jurisprudencia.stf.jus.br/pages/search/despacho1226032/false. Acesso em: 29.3.2022.

[76] BRASIL. STF. RE 1.176.579. Min. Marco Aurélio, j. 20.3.2019. *DJe*, 058, 25 mar. 2019. Disponível em: https://jurisprudencia.stf.jus.br/pages/search/despacho959470/false. Acesso em: 29 mar. 2022.

inexiste, considerada a Constituição Federal, obrigatoriedade de os Municípios criarem Procuradorias locais".[77]

Curioso é observar e ressaltar, na linha já afirmada, que o RE nº 225.777/MG não tinha, em absoluto, como objeto de debate, seja como causa de pedir seja como pedido, a estruturação do órgão Procuradoria Municipal, de modo que não guarda nenhuma relação de pertinência com os julgados acima citados.

3.2.6 RE nº 883.446/SP

O julgado do RE nº 883.446/SP proveio de recurso interposto pelo município de Mirandópolis que discutia lei municipal que previa que o cargo em comissão de procurador-geral do município de Mirandópolis seria provido por pessoa que não integra a carreira da Advocacia Pública.

Na ocasião do julgamento do agravo regimental manejado pela Procuradoria-Geral de Justiça do Estado de São Paulo (MP/SP), em face da decisão monocrática que deu parcial provimento ao RE nº 883.446/SP, a Primeira Turma, seguindo o voto do Ministro Luís Roberto Barroso, entendeu que "[...] a Constituição Federal não impõe que o cargo de chefia dos órgãos da advocacia pública seja privativo de membro da respectiva carreira",[78] de modo que a auto-organização dos municípios permite que estabeleçam como entenderem. É importante ressaltar que, mais à frente, o próprio Ministro Relator Luís Roberto Barroso deixou claro em seu voto que "No presente caso, o cargo de Procurador de Negócios

---

[77] BRASIL. STF. RE nº 1.097.053. Primeira Turma, j. 25.6.2019. DJe, 170, 6 ago. 2019. Disponível em: https://redir.stf.jus.br/paginadorpub/paginador.jsp?docTP=TP&docID=750445883. Acesso em: 29 mar. 2022.

[78] BRASIL. STF. RE nº 883.446, Primeira Turma, j. 26.5.2017. DJe, 128, 16 jun. 2017. Disponível em: https://redir.stf.jus.br/paginadorpub/paginador.jsp?docTP=TP&docID=13044446. Acesso em: 29 mar. 2022.

Jurídicos se refere somente à chefia da Procuradoria Municipal, não substituindo a carreira em si".[79]

Há, portanto, um evidente comando de que as atribuições da Advocacia Pública Municipal são reservadas aos servidores efetivos ocupantes do cargo de procurador municipal.

O último trecho citado da decisão lavrada no RE nº 883.446/SP é bastante relevante, porque aponta a necessária diferença que deve existir na análise dos 3 pontos seguintes: (i) criação do órgão Procuradoria Municipal; (ii) provimento do cargo efetivo de procurador do município; e (iii) nomeação da chefia do órgão ou do setor. Os fundamentos para a abordagem de cada uma das três temáticas são muito diferentes e não poderiam ser resumidos sobre o manto de um mesmo julgado, como habitualmente utilizado nos precedentes da Suprema Corte que se valeram do RE nº 225.777/MG como se fosse entendimento consolidado pelo Plenário do STF, em evidente confusão.

3.3 Consolidação das análises dos precedentes reiterados ante os conteúdos e vocabulários de motivos das decisões

A partir do exame dos precedentes recorrentes no tópico anterior, percebe-se uma série de confusões nos fundamentos das decisões e algo que parece unir tudo é o vocabulário de motivos: arts. 131 e 132 não são de reprodução obrigatória para os municípios dada a auto-organização desses entes.

No entanto, esse não pode ser um argumento que se sustente, seja porque não consiste em legítimo precedente do Supremo Tribunal Federal sobre a matéria aqui analisada, seja porque não acompanha a evolução da jurisprudência do

---

[79] BRASIL. STF. RE nº 883.446, Primeira Turma, j. 26.5.2017. *DJe*, 128, 16 jun. 2017. Disponível em: https://redir.stf.jus.br/paginadorpub/paginador.jsp?docTP=TP&docID=13044446. Acesso em: 29 mar. 2022.

STF quanto à inexistência de imposição constitucional das procuradorias municipais e à exclusividade do exercício das atribuições da Advocacia Pública Municipal a procuradores efetivos, visto que não lhe guarda pertinência. Há de se acusar e se opor à instalação de verdadeira miscelânea.

Dessa confusão, o que se verifica é a busca por um procedimento "célere" para reduzir numericamente o volume de recursos que desembocam no Supremo Tribunal Federal, sem o devido cuidado quanto a bases jurisprudenciais utilizadas como parâmetro para lavratura das decisões judiciais.

Esse quadro adequa-se ao conceito de "justiça em linha de montagem" da sociologia das instituições. Luiz Flávio Sapori destaca que o modelo de justiça submetido a padronizações de procedimentos impessoais, formais, documentais, centralizados e profissionalizados é muito mais do que simples prescrições normativas, visto que, além de não impedir a seletividade e a subjetividade das atuações judiciais, enseja uma forma extremamente burocratizada de atuação judicial, que nada impede os atores de violarem prescrições normativas.[80] É exatamente o que se verificou.

Em resumo, vistas questões, têm-se como inferências:

Segundo critério temático exposto no item 3.1, o primeiro grupo diz respeito ao conjunto A – questões que debatem a forma como se estabelece o cargo de chefia do órgão da Advocacia Pública Municipal: cargo comissionado ou procurador de carreira.

Essa é uma temática que não é a pretensão deste estudo e aqui foi aventada porque apareceu como recorrente num grupo de decisões analisadas. É um debate que envolve intensa discussão normativa sobre a impositividade republicana do concurso público e os pressupostos constitucionais do cargo

---

[80] SAPORI, Luiz Flávio A administração da justiça criminal numa área metropolitana. *RBSC*, n. 29, 2008.

comissionado com os contornos das atribuições da Advocacia Pública, além dos limites da Constituição estadual e as intervenções no município.

A única conclusão que aqui se pode extrair é que o fundamento que exsurja da análise dessa temática não pode ser decorrer e se pautar no RE nº 225.777/MF e seus derivados, como visto.

O conjunto de tema B – questões que discutem a exclusividade do exercício das atribuições da Advocacia Pública Municipal a procuradores efetivos: criação de cargo em comissão (portanto, sem concurso público), para executar atividade-fim de defesa de interesses do ente federativo.

Neste ponto, o Supremo Tribunal Federal assentou para os municípios o entendimento de que o provimento do cargo de procurador municipal deve ser realizado por meio de concurso público, de modo que o exercício das atribuições da Advocacia Pública Municipal constitui atividade exclusiva dos procuradores; o que não tem nenhuma relação direta com a reprodução obrigatória ou não da estruturação do órgão Procuradoria no município e tornou-se ainda mais robusto com as teses nºs 510[81] e 1.010.[82]

É essencial que haja diferença do tratamento jurisprudencial quanto ao provimento do cargo de procurador municipal, resguardando a exclusividade do exercício das funções

---

[81] "A expressão 'Procuradores', contida na parte final do inciso XI do art. 37 da Constituição da República, compreende os Procuradores Municipais, uma vez que estes se inserem nas funções essenciais à justiça, estando, portanto, submetidos ao teto de noventa inteiros e vinte e cinco centésimos por cento do subsídio mensal, em espécie, dos Ministros do Supremo Tribunal Federal".

[82] a) A criação de cargos em comissão somente se justifica para o exercício de funções de direção, chefia e assessoramento, não se prestando ao desempenho de atividades burocráticas, técnicas ou operacionais; b) tal criação deve pressupor a necessária relação de confiança entre a autoridade nomeante e o servidor nomeado; c) o número de cargos comissionados criados deve guardar proporcionalidade com a necessidade que eles visam suprir e com o número de servidores ocupantes de cargos efetivos no ente federativo que os criar; e d) as atribuições dos cargos em comissão devem estar descritas, de forma clara e objetiva, na própria lei que os instituir.

à Advocacia Pública Municipal, e quanto à estruturação do órgão da Procuradoria do município, porquanto não se confundem, sendo questões independentes e com fundamentos diversos.

Inclusive, respeitando essas diferenças, as teses nº 510[83] e nº 1.010[84] asseguram a exclusividade do exercício das atribuições da Advocacia Pública Municipal a procuradores municipais, garantindo a estruturação do Estado democrático de direito a partir do sustentáculo do princípio da legalidade e de suas derivações.

De todo modo, ficam evidenciados os equívocos no que tange à utilização e referência do RE nº 225.777/MG como "precedente", uma vez que o argumento trazido meramente a título *obiter dictum* tem sido recorrentemente utilizado para fundamentar decisões judiciais posteriores, mesmo sem possuir a autoridade legítima de um precedente da Suprema Corte, visto que jamais debatido efetivamente pelo colegiado do Supremo Tribunal Federal e esses julgados que o citam como precedente passam a ser replicados em decisões posteriores, consolidando uma temerosa inverdade jurisprudencial.

Perceba-se, no conjunto dessa análise, que há uma problemática em três vertentes:

(i) o argumento que está aqui sendo trabalhado se pauta no RE nº 225.777/MG como referência, ocorre que

---

[83] "A expressão 'Procuradores', contida na parte final do inciso XI do art. 37 da Constituição da República, compreende os Procuradores Municipais, uma vez que estes se inserem nas funções essenciais à justiça, estando, portanto, submetidos ao teto de noventa inteiros e vinte e cinco centésimos por cento do subsídio mensal, em espécie, dos Ministros do Supremo Tribunal Federal".

[84] a) A criação de cargos em comissão somente se justifica para o exercício de funções de direção, chefia e assessoramento, não se prestando ao desempenho de atividades burocráticas, técnicas ou operacionais; b) tal criação deve pressupor a necessária relação de confiança entre a autoridade nomeante e o servidor nomeado; c) o número de cargos comissionados criados deve guardar proporcionalidade com a necessidade que eles visam suprir e com o número de servidores ocupantes de cargos efetivos no ente federativo que os criar; e d) as atribuições dos cargos em comissão devem estar descritas, de forma clara e objetiva, na própria lei que os instituir.

tal julgado versa sobre a matéria através de argumento *obter dictum* e não se presta para fundamentar outra decisão, visto que despido da qualidade de precedente da Corte;
(ii) demonstrou-se, aqui, na discussão iniciada pelas ADIs nºs 881 e 4.261 e após largamente pacificada no STF, que o exercício de funções típicas de defesa e consultoria jurídica do município é própria da Advocacia Pública, cuja atribuição pertence aos ocupantes de cargo efetivo, provido por concurso público;
(iii) o RE nº 225.777/MG não discute a temática do exercício das atribuições da Advocacia Pública Municipal por pessoas com vínculos precários com o ente público, nem direta nem indiretamente, tendo como objeto propriamente apenas a legitimidade *ad causam* do Ministério Público Estadual para ajuizamento de ação civil pública na defesa do patrimônio público, repise-se.

Novamente, é importante pontuar uma diferença fundamental que aparentemente está a passar desapercebida pelos julgadores – não é preciso existir estruturação formal do órgão da Procuradoria para se garantir que a função da Advocacia Pública Municipal seja efetivamente exercida por procuradores de carreira.

Por fim, o conjunto de tema C – questões que debatem a obrigatoriedade de organização da municipalidade em termos de formatar administrativamente o órgão da Procuradoria Municipal (arts. 131 e 132 da CRFB/88).

É imprescindível registrar que o RE 663.696/MG, processado sob o regime de repercussão geral e que resultou na Tese nº 510, tem como *ratio decidendi* que os procuradores municipais integram as funções essenciais à justiça.

Esse fundamento constava como causa de pedir no RE nº 663.696/MG. Em torno dele houve intenso debate entre as partes do processo – com participação, inclusive, de entidades na condição de *amicus curiae*, como a Associação Nacional dos procuradores municipais – ANPM, tendo sido objeto de exame nos votos e referendado pela maioria dos ministros do Supremo Tribunal Federal.

Isso significa dizer, em síntese, que houve uma significativa alteração da jurisprudência do Supremo Tribunal sobre a dimensão e estatura constitucional da Advocacia Pública Municipal, com o julgamento daquele RE nº 663.696/MG, datado de 28.2.2019, fixando-se as seguintes premissas:

(i) a Advocacia Pública Municipal tem assento na Constituição Federal de 1988, integrando as "cognominadas funções essenciais à justiça" previstas no art. 132;

(ii) existe uma simetria de tratamento constitucional da Advocacia Pública Federal, Estadual e Municipal, de modo que é "imperativo que todas as disposições pertinentes à Advocacia Pública sejam aplicadas às Procuradorias Municipais, sob pena de se incorrer em grave violação à organicidade da Carta Maior" (voto do Ministro Relator Luiz Fux no RE nº 663.696/MG);

(iii) há a obrigatoriedade constitucional do órgão Procuradoria Municipal.

Desta forma, estudando os méritos das aludidas decisões monocráticas e turmárias, chega-se a uma inferência clara, qual seja: a distinção estabelecida entre a necessidade de existência de padronização constitucional do órgão Procuradoria Municipal para as municipalidades, em face dos modelos federal e estadual de Procuradoria, e a exigência constitucional quanto à exclusividade do exercício das atribuições da Advocacia

Pública Municipal aos procuradores municipais de carreira, ocupantes de cargo efetivo.

Em suma, fixam-se os pontos distintos e que não se confundem: órgão Procuradoria Municipal e cargo/agente procurador municipal.

Assim, entende-se que houve efetivamente evolução na jurisprudência da Suprema Corte quanto à imposição constitucional na esfera municipal do órgão de Procuradoria-Geral, além da vinculação das atribuições próprias da Advocacia Pública Municipal aos respectivos procuradores efetivos, integrantes de carreira qualificada pela CRFB/88 como essencial à justiça.

Nada obstante, ainda que se entenda que não houve evolução da jurisprudência do Supremo Tribunal Federal quanto a ser cogente a implantação do órgão da Procuradoria Municipal – o que se cogita tão somente à título de argumentação –, é inequívoco o imperativo constitucional de que o exercício das atribuições de procurador municipal é exclusivo de cargo de provimento efetivo, não podendo, pois, ser exercido por outros profissionais com vínculo diverso deste. Essa é a expressa interpretação da Constituição Federal firmada nas teses nº 510 e nº 1.010 pelo Supremo Tribunal Federal.

3.4 Procuradores municipais ou procuradorias municipais. Qual dessas presenças é essencial ao município?

Os municípios são entes federativos autônomos que, como os demais, precisam ter em seu corpo efetivo de servidores membros habilitados a exercer a advocacia pública municipal. Sucede que o exercício da competência consultiva assim como a defesa judicial e administrativa do município pode assumir diversas conformações dentro da estrutura orgânica da Administração municipal.

Revela-se que Advocacia Pública não se consagra apenas pela instituição formal de um órgão[85] jurídico-padrão da Procuradoria-Geral, mas, sim, pela sua existência material em cada ente federativo, através do exercício de suas competências exclusivamente através de membros efetivos, nomeados através de concurso público, como disposto e garantido constitucionalmente.

Lucas Rocha Furtado anota:

> No estudo do processo de formação da vontade do Estado, ou de qualquer outra pessoa jurídica, é necessário chegar ao agente, que é uma pessoa física. Este, o agente, até hoje, é o único ser capaz de se expressar, de se comunicar, e de efetivamente praticar atos com aptidão para criar direitos e gerar obrigações jurídicas. [...]
>
> Desse modo, quando um agente ocupante de cargo lotado em determinado órgão exerce atribuição inerente a sua função – que nada mais é do que o conjunto de atribuições afetos ao cargo –, a responsabilidade pelo exercício dessa atividade e dos atos dela decorrentes é atribuída diretamente à pessoa jurídica, no caso a entidade política.[86]

Em suma, a Advocacia Pública Municipal não se resume à previsão formal de um órgão de Procuradoria-Geral no organograma municipal, podendo, por vezes, existir sem tal conformação padronizada nacionalmente. São os procuradores municipais que dão alma, consciência e ato ao exercício legal das atribuições de representação e assessoria jurídicas ao município, podendo estes estarem lotados dentro de uma secretaria de negócios jurídicos, de assessoria jurídica ou de

---

[85] Existem várias teorias que visam explicar a relação do Estado com os agentes públicos. Para a teoria do órgão, elaborada por Otto Gierke na Alemanha, "a pessoa jurídica manifesta a sua vontade por meio órgãos, de tal modo que quando os agentes manifestam a sua vontade, é como se próprio Estado o fizesse; substitui-se a ideia de representação pela de imputação" (DI PIETRO, Maria Sylvia Zanella. *Direito administrativo*. 34. ed. São Paulo: Atlas, 2021. p. 691).

[86] FURTADO, Lucas Rocha. *Curso de direito administrativo*. 4. ed. Belo Horizonte: Fórum, 2013. p. 138.

várias ou, até mesmo, quando personificam unipessoalmente a Advocacia Pública nos menores municípios brasileiros.

Evidentemente, a instituição de uma Procuradoria-Geral mais estruturada e com competências bem destacadas favorece a organização e o acesso de toda a gestão municipal a seus serviços jurídicos.

A questão que se busca esclarecer é que a falta de imprescindibilidade de sua existência formal não implica ausência da obrigatoriedade de implementação da Advocacia Pública Municipal nos moldes mínimos exigidos pela Constituição Federal. Para a CRFB/88, mais essencial e indispensável do que a existência de órgão formal da Procuradoria-Geral do Município é a existência de corpo técnico, conformado por procuradores de carreira, servidores efetivos, que, como já amplamente exposto no capítulo anterior, dão identidade e resguardam a memória funcional do órgão.

Assim, por força da argumentação, poder-se-ia cogitar que seria possível que um município, a partir da realidade local e do seu pequeno porte, constituísse uma secretaria de assuntos jurídicos – ou negócios jurídicos ou outra denominação – ao invés de Procuradoria-Geral do município. Contudo, as atribuições inerentes da Advocacia Pública, independentemente do órgão de lotação do servidor efetivo, devem ser exercidas exclusivamente por procurador municipal admitido por concurso público.

É cogente, portanto, que sejam "respeitadas as atribuições constitucionalmente previstas para os procuradores"[87] (voto do Ministro Relator Alexandre de Moraes no ARE nº 1.278.974 AgR/SP).

---

[87] BRASIL. STF. RE nº 1.278.974. Primeira Turma, j. 30.11.2020. *DJe*, 287, 7 dez. 2020. Disponível em: https://redir.stf.jus.br/paginadorpub/paginador.jsp?docTP=TP&docID=754592139. Acesso em: 29 mar. 2022.

Este entendimento foi adotado expressamente no acórdão da Segunda Turma do STF no RE nº 1.160.904 AgR/SP. Transcreve-se trecho do voto do Ministro Relator Gilmar Mendes:

> [...] O Tribunal a quo consignou que as atribuições conferidas à Secretaria de Assuntos Jurídicos abrangem funções que competem exclusivamente à Procuradoria Municipal, que não podem ser exercidas por ocupantes de cargos em comissão, sendo obrigatório o acesso via aprovação em concurso público. [...]
> Vê-se que o acórdão recorrido está em consonância com a jurisprudência desta Corte, no sentido que o desempenho das atividades de assessoramento jurídico no âmbito do Poder Executivo é prerrogativa dada aos procuradores pela Constituição Federal.[88]

Reproduz-se, ainda, a ementa do acórdão do Tribunal de Justiça do Estado do Espírito Santo, cujo acórdão foi mantido por decisão monocrática do Ministro Luís Roberto Barroso nos autos do citado ARE nº 759.931/ES:

> AÇÃO DIRETA DE INCONSTITUCIONALIDADE. LEI MUNICIPAL QUE ATRIBUI A CARGOS EM COMISSÃO AS FUNÇÕES DE ADVOCACIA PÚBLICA. INCONSTITUCIONALIDADE. A ADVOCACIA PÚBLICA DEVE SER FORMADA POR SERVIDORES APROVADOS EM CONCURSO PÚBLICO – ARTS. 131 E 132 DA CRFB/88/88 E ART. 122 DA CONST. ESTADUAL. PRINCÍPIO DA SIMETRIA – ART. 29 DA CRFB/88/88 E 20 DA CONST ESTADUAL. AÇÃO PROCEDENTE. EFEITOS DA DECLARAÇÃO MODULADOS.
>
> 1. A constituição Federal e a Estadual reservam aos advogados públicos o desempenho das atividades de representação, assessoria e consultoria jurídica e que, tais cargos serão ocupados por servidores previamente aprovados em concurso público.
>
> 2. Tal conclusão, calcada na literalidade dos textos constitucionais, é reforçada pela própria natureza dos cargos da advocacia pública, afinal, mais do que servidores públicos, os ocupantes de tais cargos são advogados e, para o pleno exercício de seu mister, é fundamental

---

[88] BRASIL. STF. RE nº 1.160.904. Segunda Turma, j. 27.9.2019. DJe, 219, 9 out. 2019. Disponível em: https://redir.stf.jus.br/paginadorpub/paginador.jsp?docTP=TP&docID=751098398. Acesso em: 29 mar. 2022.

a preservação da isenção técnica e independência funcional, inerentes à advocacia, seja ela pública ou privada.

3. Por força do Princípio da Simetria os Municípios, ao organizarem suas funções administrativas e os Poderes Executivo e Legislativo, devem seguir o desenho previamente estabelecido pela Constituição Federal e Estadual, o que leva à óbvia conclusão de que a advocacia pública municipal deve seguir os moldes estabelecidos para a União e para o Estado.

4. Desta forma, vinculados à forma adotada em âmbito federal e estadual, os municípios do Estado do Espírito Santo, sob pena de inconstitucionalidade, devem atribuir as funções de representação judicial, consultoria e assessoria jurídica a servidores aprovados em concurso público de provas e títulos, de forma a organizar suas Procuradorias Municipais, que serão chefiadas por servidor escolhido dentre os ativos de sua carreira. Por conseguinte, são inconstitucionais quaisquer normas que atribuam a cargos comissionados tais funções. Da mesma forma, será inconstitucional a norma que conferir a chefia do órgão de representação a servidor estranho a seus quadros.

5. Ação Direta de Inconstitucionalidade procedente.

6. Ficam modulados os efeitos da presente declaração de inconstitucionalidade, de forma que a decisão produza seus efeitos 12 (doze) meses após seu trânsito em julgado, mediante a aplicação analógica do disposto no art. 27 da Lei Federal 9868/99.[89]

Outrossim, importante citar recente decisão monocrática do Ministro Gilmar Mendes nos autos do ARE nº 1.311.066/SP, publicado em 5.10.2021, que, seguindo a evolução da jurisprudência do Supremo Tribunal Federal cristalizada na Tese nº 510, reconheceu que a avaliação de desempenho dos procuradores "seja realizada por órgão próprio, formada por integrantes da própria carreira, na forma do art. 132 do texto constitucional":

> Registre-se que, quando do julgamento do tema 510 da repercussão geral, cujo paradigma é o RE 663696, Rel. Min. Luiz Fux, DJe 22.08.2019, o Supremo Tribunal Federal assentou que os procuradores municipais devem ter seus tetos remuneratórios sujeitos ao teto previsto para

---

[89] BRASIL. STF. RE 759.931. Min. Luís Roberto Barroso, j. 9.12.2014. DJe, 244, 12 dez. 2014. Disponível em: http://portal.stf.jus.br/processos/downloadPeca.asp?id=288410797&ext=.pdf. Acesso em: 29 mar. 2022.

os desembargadores dos Tribunais de Justiça, e não ao teto do chefe do Poder Executivo local, com suporte na natureza da atividade, caracterizada como função essencial à justiça [...].

Nesse julgado, o eminente relator do processo, Min. Luiz Fux, consignou expressamente que as mesmas regras aplicadas aos procuradores estaduais e federais devem ser aplicadas aos procuradores municipais, em razão de serem todas carreiras de advocacia pública essenciais à justiça. [...]

Nesse passo, depreende-se que, na espécie, o acórdão do Tribunal de origem não diverge da orientação do Supremo Tribunal Federal, ou seja, de que a carreira da advocacia pública municipal se enquadra, para todos os fins, na categoria da advocacia pública, equiparando-se às procuradorias estaduais e federais no que se refere à prerrogativas da classe, o que no presente caso restam consubstanciadas na garantia de que a avaliação de desempenho seja realizada por órgão próprio, formada por integrantes da própria carreira, na forma do art. 132 do texto constitucional.[90]

Pois bem. Nada obstante ser impensável, malgrado, cogitar a ausência de Procuradoria-Geral nas capitais, nos municípios de grande e médio portes considerando as altas complexidades das demandas nas municipalidades que, em absoluto, nada diferem das existentes na União e nos estados, relevante pontuar que a Advocacia Pública Municipal não se resume nem se atende apenas através da mera instituição formal do órgão da Procuradoria-Geral na estrutura administrativa do município.

São os procuradores municipais efetivos que cumprirão e atenderão ao exercício legal das atribuições de assessoria, de consultoria jurídica e representação aos municípios, podendo estes estarem lotados dentro de um outro órgão jurídico instituído, ainda que não denominado "Procuradoria-Geral" e, até mesmo, personificando unipessoalmente, eventualmente, a Advocacia Pública nos menores municípios nacionais.

---

[90] BRASIL. STF. RE 1.311.066. Min. Gilmar Mendes, j. 1º.10.2021. *DJe*, 198, 5 out. 2021. Disponível em: http://portal.stf.jus.br/processos/downloadPeca.asp?id=15348113637&ext=.pdf. Acesso em: 29 mar. 2022.

À guisa de conclusão, neste tópico, Ricardo Marcondes Martins pontua quanto à obrigatoriedade constitucional das procuradorias municipais:

> O argumento contrário – de que existem Municípios no Brasil que não possuem condições econômico-financeiras de instituir cargos de Advogados Públicos – é um argumento político, não jurídico. Ora, se o Município não tem condições sequer de criar um cargo público de provimento efetivo para o exercício de sua Advocacia, ele, juridicamente, não tem condições de existir.
>
> Não se pode tolerar que – para viabilizar a existência de uma entidade federativa insustentável – possibilite-se a ela que contrate empregados públicos, crie cargos em comissão ou – pior – contrate advogados privados para sua Advocacia, inviabilizando a adequada tutela da legalidade, da impessoalidade e da moralidade.
>
> Mesmo Municípios pequenos devem respeitar a Constituição e as leis, mesmo Municípios pequenos devem ter agentes que, mediante as prerrogativas do regime estatutário, estáveis, possam contrariar o interesse de seus superiores hierárquicos, quando esses interesses violarem a legalidade, a impessoalidade ou a moralidade administrativa. Donde: mesmo Municípios pequenos devem ter Advogados Públicos!
>
> Ainda que se considere descabida para o Município uma instituição similar à prevista nos artigos 131 e 132 da Constituição, é inegável: mesmo que não se imponha carreira similar, impõe-se a instituição de cargo público de provimento efetivo para a advocacia municipal. O exercício da advocacia das Pessoas Jurídicas de Direito Público exige as prerrogativas do regime estatuário – dentre elas, principalmente, a estabilidade. Só cargos de provimento efetivo asseguram essas prerrogativas. Esse entendimento vem sendo afirmado pela boa doutrina. [...]
>
> Em absoluta síntese: a Advocacia em toda Administração Pública deve ser atribuída a uma instituição similar à prevista nos arts. 131 e 132 da CRFB/88/88 ou, ao menos, a cargos de provimento efetivo.[91]

Diante de todo acima descrito, no mínimo, entende-se ser inarredável a obrigatoriedade de se ter – ao menos um – procurador por municipalidade, independentemente da sua

---

[91] MARTINS, Ricardo Marcondes. Contratações de advogados por pessoas jurídicas de direito público. *In*: TAVARES, Gustavo Machado; MOURÃO, Carlos Figueiredo; VIEIRA, Raphael Diógenes Serafim (Coord.). *A obrigatoriedade constitucional das procuradorias municipais*. Belo Horizonte: Fórum, 2022. p. 241-243.

dimensão populacional, porquanto é imposição constitucional que o exercício das atribuições da Advocacia Pública Municipal é exclusivo dos ocupantes de cargo de provimento efetivo.

Por fim, a título esclarecedor, importante destacar que as decisões monocráticas citadas neste item – ARE nº 1.278.974 AgR/SP, ARE nº 759.931/ES e o acórdão no RE nº 1.160.904 AgR/SP – não compuseram a análise dos subcapítulos anteriores, considerando o recorte metodológico adotado: critério de recorrência de citação ao menos em 3 outros precedentes.

Por sua vez, a decisão monocrática nos autos do ARE nº 1.311.066/SP não fez parte da seleção do itens anteriores, tendo em vista que trata diretamente da avaliação de desempenho dos procuradores, não se enquadrando, portanto, nas temáticas pesquisadas nos grupos A – Ocupação do cargo de chefia da Procuradoria-Geral do Município (PGM): cargo comissionado ou procurador de carreira (efetivo); B – Exclusividade do exercício das atribuições da Advocacia Pública Municipal a procuradores efetivos: criação de cargo em comissão (portanto, sem concurso público), para executar atividade-fim de defesa de interesses do ente federativo; C – Obrigatoriedade de instituição do órgão da Procuradoria Municipal na estrutura administrativa da municipalidade (arts. 131 e 132 da CRFB/88).

A despeito disso, as citadas decisões foram examinadas neste tópico, porque, além de importantes, corroboram o que fora anteriormente trabalhado, na medida em que reservam o exercício de atribuições da Advocacia Pública ao cargo de provimento efetivo – procurador municipal.

CONSIDERAÇÕES FINAIS

Como se demonstrou, a discussão quanto à dimensão constitucional da Advocacia Pública Municipal, tocante à distinção da estruturação de procuradorias, como órgão, e a necessidade da atribuição das competências próprias da Advocacia Pública aos procuradores municipais de carreira, enquanto agentes públicos, não são desenvolvidas de forma clara e aprofundada pela jurisprudência da Suprema Corte.

Em alguns precedentes, a Suprema Corte entendeu que haveria apenas a exclusividade do exercício de atribuições da Advocacia Pública Municipal aos procuradores efetivos, haja vista a ausência de obrigatoriedade constitucional de importação dos modelos federal e estadual de procuradorias para as municipalidades, pois não lhes seria obrigatória a reprodução dos arts. 131 e 132 da Constituição Federal.

Em outros julgados, diversamente, mas se valendo dessa mesma fundamentação, o Supremo Tribunal Federal entendeu que não haveria a exclusividade no exercício das atribuições da Advocacia Pública Municipal aos procuradores municipais efetivos.

Há uma nítida confusão no tratamento jurisprudencial sobre a exclusividade para o exercício das atribuições da

Advocacia Pública Municipal aos procuradores e a obrigatoriedade de implantação dos órgãos das procuradorias municipais.

Verificou-se, desse modo, a existência de decisões tortuosas, sem a devida abordagem substantiva sobre o conteúdo discutido, consistindo em mera replicação de uma passagem isolada no corpo do voto e explanada através de *obter dictum* sobre a inexistência de obrigatoriedade do órgão Procuradoria Municipal (voto-vista do Ministro Dias Toffoli no RE nº 225.777/MG), fazendo com que fosse propagado um entendimento supostamente pacificado, reiteradamente repetido sob o manto de verdadeiro precedente do STF, mas que, em verdade, trata-se apenas de posicionamento tangencial ao que se estava debatendo naquele recurso extraordinário (legitimidade *ad causam* do Ministério Público Estadual para ajuizamento de ação civil pública na defesa do patrimônio público municipal).

Existe uma recorrente distorção de precedentes do Supremo Tribunal Federal, visto que, conforme pesquisa jurisprudencial realizada, a discussão quanto à reprodução obrigatória dos arts. 131 e 132 da CRFB/88, ou seja, quanto à necessidade ou não de instituição na estrutura administrativa do órgão da Procuradoria-Geral do Municipal, por vezes, foi manejada em diversas oportunidades de maneira tangencial e equivocada nos julgamentos do STF, sendo reproduzida até mesmo em julgados nos quais não havia nenhuma pertinência com o assunto.

Desse modo, os autores verificaram a utilização de fundamentos decisórios relativos à reprodução dos arts. 131 e 132 da CRFB/88 sem profundidade e, por vezes, de maneira distorcida, ensejando tumulto e confusão jurisprudencial sobre a temática voltada à instituição (obrigatória ou não) das procuradorias municipais, abrindo espaço para se estabelecer supostos precedentes sobre a matéria.

Nessa linha, o RE nº 225.777/MG não possui autoridade de um legítimo precedente da Suprema Corte, visto que o assunto jamais debatido efetivamente pelo colegiado do Supremo Tribunal Federal, nem pelas partes envolvidas no processo, consistindo apenas em entendimento lançado de forma lateral ao enfrentamento da questão que se estava analisando.

Está evidenciado que o tão citado RE nº 225.777/MG não discutia nem ao menos a temática do exercício das atribuições da Advocacia Pública Municipal por pessoas com vínculos precários com o ente público, nem direta nem indiretamente, tendo como objeto matéria completamente estranha a esta, qual seja, a legitimidade *ad causam* do Ministério Público Estadual para ajuizamento de ação civil pública na defesa do patrimônio público municipal, repisa-se.

Perceba-se que, apesar de o RE nº 225.777/MG não ter sido o precedente mais referenciado diretamente na pesquisa, indiretamente o foi considerando-se que o RE nº 893.694/SE (que é um dos 6 precedentes reiterados selecionados) toma como base o RE nº 690.765/MG (que também é um dos 6 precedentes reiterados selecionados), o qual, por sua vez, toma por base este RE nº 225.777/MG. Em suma, além de o RE nº 225.777/MG constar como um dos 6 precedentes reiteradamente citados em julgados ulteriores, outros 2 (dois) julgados deste universo selecionado fazem remissão a este em último plano enquanto precedente.

Isto é, na circularidade desse conjunto, o RE nº 225.777/MG é usado como fonte de precedente jurisprudencial em inúmeros julgados.

Assim, dos 6 julgados selecionados pela pesquisa como mais recorrentemente citados pela jurisprudência do STF, apenas consistem em legítimos precedentes, no que se refere à exclusividade do exercício das atribuições da Advocacia Pública Municipal aos procuradores de carreira, as ADIs nº 881 e nº 4.261 e o RE nº 883.446/SP.

De toda sorte, chega-se – com a devida análise e com acuidade da questão efetivamente posta em julgamento – a uma inferência clara quanto à jurisprudência da Suprema Corte, qual seja: a distinção estabelecida entre a necessidade de existência de padronização constitucional do órgão Procuradoria para as municipalidades, em face dos modelos federal e estadual de Procuradoria, e a exigência constitucional quanto à exclusividade do exercício das atribuições da Advocacia Pública Municipal aos procuradores municipais de carreira.

Em outros termos, foram estabelecidas matrizes diversas e que não se confundem: órgão Procuradoria Municipal e cargo de/agente procurador municipal.

Tentado desmistificar essa realidade, descortinou-se o roteiro do filme através do qual se fixou a suposta existência de jurisprudência consolidada sobre o tema referente à não obrigatoriedade de instituição do órgão da Procuradoria Municipal, através da pesquisa acurada de precedentes e análise detida de seus conteúdos nesta obra.

Estabeleceu-se como marco de partida a fixação da natureza jurídica das funções desempenhadas pelos procuradores e procuradoras municipais, conforme entendimento fixado através da Tese nº 510 (RE nº 663.696/MG) e reforçado pela Tese nº 1.010 (RE nº 1.041.210/SP), ambas do STF, reconhecendo-se a Advocacia Pública Municipal como carreira integrante das funções essenciais à justiça, constitucionalmente estabelecidas no art. 132, apresentando-se, pois, como basilar ao Estado democrático de direito, comungando da mesma envergadura constitucional atribuída aos seus pares na esfera federal e estadual.

Nesse sentido, a diversidade do ente federativo ao qual se vincula o exercício da Advocacia Pública não transmuda sua essência, a uma, porque a atividade pública é ontologicamente a mesma e, a duas, sendo os entes federativos existentes de forma autônoma entre si, conforme preceituado pelo art. 1º da nossa CRFB/88, não se poderia excluir da Advocacia Pública Municipal de carreira o caráter de função essencial à justiça, expressamente reconhecido à Advocacia Pública Estadual e Federal.

E isso significa afirmar que o conjunto de prerrogativas e disposições constitucionais da Advocacia Pública se aplica de forma uniforme a todos agentes públicos ocupantes de cargos efetivos que exercem as funções de assessoramento e consultoria jurídicas, de representação e de controle interno do agir administrativo em prol dos entes federativos, seja na esfera federal, estadual ou municipal.

Após a análise jurisprudencial do Supremo Tribunal Federal (STF), conforme critérios de seleção de pesquisa minunciosamente estabelecidos, trouxe-se à baila a evolução e o atual entendimento da Suprema Corte sobre o enquadramento constitucional da Advocacia Pública Municipal, seja quanto à imposição da estruturação do órgão da Procuradoria Municipal, seja quanto à exclusividade do exercício de suas atribuições a procuradores municipais, servidores efetivos de carreira, desenvolvendo-se interpretação técnica e indene dos julgados apresentados.

Arremata-se que, conforme demonstrado a partir da discussão iniciada pelas ADIs nº 881 e 4.261, e após largamente pacificada no STF, o exercício de funções típicas de representação, de controle interno de juridicidade das posturas administrativas e de assessoria e consultoria jurídicas do município é próprio da Advocacia Pública, cuja atribuição pertence aos ocupantes de cargo efetivo, provido por concurso público.

Ademais, o RE nº 663.696/MG, processado sob o regime de repercussão geral e que resultou na Tese nº 510, teve como *ratio decidendi* que os procuradores municipais integram as funções essenciais à justiça.

Neste precedente, tem-se uma significativa alteração da jurisprudência do Supremo Tribunal sobre a dimensão e estatura constitucional da Advocacia Pública Municipal, podendo-se estabelecer as seguintes premissas: (i) a Advocacia Pública Municipal tem assento na Constituição Federal de 1988, integrando as "cognominadas funções essenciais à justiça" previstas no art. 132; (ii) existe uma simetria de tratamento constitucional da Advocacia Pública Federal, Estadual e Municipal, de modo que é "imperativo que todas as disposições pertinentes à Advocacia Pública sejam aplicadas às Procuradorias Municipais, sob pena de se incorrer em grave violação à organicidade da Carta Maior" (voto do Ministro Relator Luiz Fux no RE nº 663.696/MG); (iii) há a obrigatoriedade constitucional do órgão Procuradoria Municipal.

Conclui-se, por tais razões, que houve uma efetiva evolução na jurisprudência da Suprema Corte quanto à imposição constitucional na esfera municipal do órgão de Procuradoria-Geral, além do reconhecimento da exclusividade das atribuições típicas da Advocacia Municipal aos respectivos procuradores efetivos.

Nada obstante, ainda que se entenda que não houve evolução da jurisprudência do Supremo Tribunal Federal quanto a ser cogente a implantação do órgão da Procuradoria Municipal, é inequívoco o imperativo constitucional de que o exercício das atribuições de procurador municipal é exclusivo de cargo de provimento efetivo, não podendo, pois, ser exercido por outros profissionais com vínculo diverso deste.

Nesse sentido, apesar de se entender que a instituição de uma Procuradoria-Geral mais estruturada e com competências bem destacadas favorece a organização, uma boa administração pública e o acesso de toda a gestão municipal a seus serviços jurídicos e ser impensável, malgrado, cogitar a ausência de Procuradoria-Geral nas capitais, nos municípios de grande e médio portes considerando as altas complexidades das demandas nas municipalidades que em nada distinguem das existentes na União e nos estados, há de se reconhecer que a Advocacia Pública Municipal não se resume e nem se atende apenas através da mera instituição formal do órgão da Procuradoria-Geral na estrutura administrativa.

É indispensável, assim, pontuar uma diferença fundamental que aparentemente está a passar desapercebida: não é preciso necessariamente existir estruturação formal do órgão da Procuradoria Municipal para se garantir que a função da Advocacia Pública Municipal seja efetivamente exercida por procuradores de carreira, mormente nos municípios menores.

Por fim, compreende-se que a implementação da Advocacia Pública Municipal, nos moldes mínimos exigidos pela Constituição Federal, não exigiria necessariamente a instituição do órgão denominado "Procuradoria-Geral", podendo ser realizada através da exclusividade do exercício das atribuições de assessoria e consultoria jurídica, de controle interno de juridicidade do agir administrativo e de representação dos municípios ao corpo técnico integrado por procuradores municipais efetivos, os quais podem estar lotados dentro de uma Procuradoria-Geral formalmente instituída ou de um outro órgão jurídico equivalente, mas sob outra denominação, ou, ainda, eventualmente, personificar unipessoalmente nos menores municípios nacionais.

Em suma, é inafastável a garantia da identidade da Advocacia Pública Municipal concretizada em essência pela vinculação de suas atribuições aos procuradores e procuradoras municipais efetivos, resguardando a memória jurídico-funcional do ente municipal, conforme interpretação da Constituição Federal firmada com muita clareza pelas teses nº 510 e nº 1.010 pelo Supremo Tribunal Federal.

REFERÊNCIAS

ABBAGNANO, Nicola. *Dicionário de filosofia*. 2. ed. São Paulo: Mestre Jou, 1962.

BARRETO, A. F. *Curso de direito tributário municipal*. São Paulo: Saraiva, 2009.

BECKER, Howard. *De que lado estamos?* Uma teoria da ação coletiva. Rio de Janeiro: Zahar, 1977.

BECKER, Howard. *Falando da sociedade*. Ensaios sobre as diferentes maneiras de representar o social. Rio de Janeiro: Zahar, 2009.

BECKER, Howard. *Métodos de pesquisa em ciências sociais*. São Paulo: Hucitec, 1993.

BECKER, Howard. *Segredos e truques da pesquisa*. Rio de Janeiro: Zahar, 2007.

BRASIL. STF. *ADI 1.842*. Rel. Min. Luiz Fux, Rel. p/ acórdão: Min. Gilmar Mendes, Tribunal Pleno, j. 6.3.2013, public. 16.9.2013. Disponível em: http://www.stf.jus.br/portal/jurisprudencia/visualizarEmenta.asp?s1=000001496&base=baseQuestoes. Acesso em: 12 ago. 2019.

BRASIL. STF. *ADI 3685 DF*. Rel. Min. Helen Grace, Tribunal Pleno, j. 22.3.2006. Disponível em: https://jurisprudencia.stf.jus.br/pages/search?classeNumeroIncidente=%22ADI%203685%22&base=acordaos&sinonimo=true&plural=true&page=1&pageSize=10&sort=_score&sortBy=desc&isAdvanced=true. Acesso em: 22 fev. 2022.

BRASIL. STF. *ADI 6.341*. Rel. Min. Marco Aurélio, Tribunal Pleno, j. 15.4.2020, public. 13.11.2020. Disponível em: https://jurisprudencia.stf.jus.br/pages/search/sjur436466/false. Acesso em: 4 ago. 2021.

BRASIL. STF. ADI nº 4261. Tribunal Pleno, j. 2.8.2010. *DJe*, 154, 20 ago. 2010. Disponível em: https://redir.stf.jus.br/paginadorpub/paginador.jsp?docTP=AC&docID=613544. Acesso em: 29 mar. 2022.

BRASIL. STF. ADI nº 881. Tribunal Pleno, j. 2.8.1993. *DJ*, 25 abr. 1997. Disponível em: https://redir.stf.jus.br/paginadorpub/paginador.jsp?docTP=AC&docID=346663. Acesso em: 29.3.2022.

BRASIL. STF. *Inteiro teor do RE 663.696/MG*. Disponível em: https://jurisprudencia.stf.jus.br/pages/search/repercussao-geral3821/false. Acesso em: 21 fev. 2022.

BRASIL. STF. RE 1.176.579. Min. Marco Aurélio, j. 20.3.2019. *DJe*, 058, 25 mar. 2019. Disponível em: https://jurisprudencia.stf.jus.br/pages/search/despacho959470/false. Acesso em: 29 mar. 2022.

BRASIL. STF. RE 1.288.627. Min. Gilmar Mendes, j. 15 out. 2021. *DJe*, 207, 19 out. 2021. Disponível em: https://jurisprudencia.stf.jus.br/pages/search/despacho1245377/false. Acesso em: 29 mar. 2022.

BRASIL. STF. *RE 1.292.739*. Rel. Edson Fachin, j. 11.3.2021.

BRASIL. STF. RE 1.311.066. Min. Gilmar Mendes, j. 1º.10.2021. *DJe*, 198, 5 out. 2021. Disponível em: http://portal.stf.jus.br/processos/downloadPeca.asp?id=15348113637&ext=.pdf. Acesso em: 29 mar. 2022.

BRASIL. STF. RE 1.322.114, Min. Nunes Marques, j. 2.8.2021. *DJe*, 159, 10.8.2021. Disponível em: https://jurisprudencia.stf.jus.br/pages/search/despacho1226032/false. Acesso em: 29.3.2022.

BRASIL. STF. RE 225.777. Tribunal Pleno, j. 24.2.2011. *DJe*, 165, 29 ago. 2011. Disponível em: https://redir.stf.jus.br/paginadorpub/paginador.jsp?docTP=AC&docID=626787. Acesso em: 29 mar. 2022.

BRASIL. STF. RE 690.765. Min. Ricardo Lewandowski, j. 5.8.2014. *DJe*, 154, 12 ago. 2014. Disponível em: https://jurisprudencia.stf.jus.br/pages/search/despacho432033/false. Acesso em: 29 mar. 2022.

BRASIL. STF. RE 759.931. Min. Luís Roberto Barroso, j. 9.12.2014. *DJe*, 244, 12 dez. 2014. Disponível em: http://portal.stf.jus.br/processos/downloadPeca.asp?id=288410797&ext=.pdf. Acesso em: 29 mar. 2022.

BRASIL. STF. *RE 893694 AgR*. Rel. Celso de Mello, Segunda Turma, j. 21.10.2016.

BRASIL. STF. RE nº 1.097.053. Primeira Turma, j. 25.6.2019. *DJe*, 170, 6 ago. 2019. Disponível em: https://redir.stf.jus.br/paginadorpub/paginador.jsp?docTP=TP&docID=750445883. Acesso em: 29 mar. 2022.

BRASIL. STF. RE nº 1.160.904. Segunda Turma, j. 27.9.2019. *DJe*, 219, 9 out. 2019. Disponível em: https://redir.stf.jus.br/paginadorpub/paginador.jsp?docTP=TP&docID=751098398. Acesso em: 29 mar. 2022.

BRASIL. STF. RE nº 1.188.648. Primeira Turma, j. 24.6.2019. *DJe*, 167, 1º ago. 2019. Disponível em: https://redir.stf.jus.br/paginadorpub/paginador.jsp?docTP=TP&docID=750384666. Acesso em: 29 mar. 2022.

BRASIL. STF. RE nº 1.278.974. Primeira Turma, j. 30.11.2020. *DJe*, 287, 7 dez. 2020. Disponível em: https://redir.stf.jus.br/paginadorpub/paginador.jsp?docTP=TP&docID=754592139. Acesso em: 29 mar. 2022.

BRASIL. STF. RE nº 663.696. Tribunal Pleno, j. 28.2.2019. Processo Eletrônico Repercussão Geral – Mérito. *DJe*, 183, 22 ago. 2019. Disponível em: https://jurisprudencia.stf.jus.br/pages/search/sjur408947/false. Acesso em: 2 mar. 2022.

BRASIL. STF. RE nº 883.446, Primeira Turma, j. 26.5.2017. *DJe*, 128, 16 jun. 2017. Disponível em: https://redir.stf.jus.br/paginadorpub/paginador.jsp?docTP=TP&docID=13044446. Acesso em: 29 mar. 2022.

BRASIL. STF. *Recurso Extraordinário nº 1041210 RG/SP*. Rel. Min. Dias Toffoli, Tribunal Pleno, public. 22.5.2019. Disponível em: http://portal.stf.jus.br/processos/downloadPeca. asp?id=15340212262&ext=.pdf. Acesso em: 15 set. 2021.

BRASIL. STF. *Tese nº 510*. Disponível em: http://portal.stf.jus.br/jurisprudenciaRepercussao/verAndamentoProcesso.asp?incidente=4168352&numeroProcesso=663696&classeProcesso=RE&numeroTema=510. Acesso em: 29 mar. 2022.

CARRAZZA, Roque Antonio. *Curso de direito constitucional tributário*. 27. ed. São Paulo: Malheiros, 2011.

CARVALHO FILHO, José dos Santos. *Manual de direito administrativo*. 35. ed. São Paulo: Atlas, 2021.

CARVALHO, Ana Luisa Soares; NERY, Cristiane da Costa. O advogado público municipal – Prerrogativas e atribuições na perspectiva da responsabilidade civil. *In*: CONGRESSO DE DIREITO MUNICIPAL, II. *O mundo da cidade e a cidade no mundo* – Reflexões sobre o direito local. [s.l.]: IPR, 2009.

CONTI, J. M. Considerações sobre o federalismo fiscal brasileiro em uma perspectiva comparada. *Federalismo Fiscal: Questões Contemporâneas*, p. 15-34, 2010.

DERZI, M. A. M. Reforma tributária, federalismo e estado democrático de direito. *Revista da Associação Brasileira de Direito Tributário*, Belo Horizonte, p. 13-36, maio/ago. 1999.

DI PIETRO, Maria Sylvia Zanella. *Direito administrativo*. 34. ed. São Paulo: Atlas, 2021.

ELALI, A. *O federalismo fiscal brasileiro e o sistema tributário nacional*. São Paulo: MP, 2005.

FERREL, Jeff. Morte ao método. Dilemas. *Revista de Estudos de Conflito e Controle Social*, v. 5, n. 1, p. 157-176, jan./mar. 2012.

FURTADO, Lucas Rocha. *Curso de direito administrativo*. 4. ed. Belo Horizonte: Fórum, 2013.

LEAL, Victor Nunes. *Coronelismo, enxada e voto*: o município e o regime. 5. ed. São Paulo: Alfa-Ômega, 1986.

LOPES, José Reinaldo de Lima. *In*: CUNHA, Alexandre dos Santos; SILVA, Paulo Eduardo Alves da (Coord.) *Pesquisa empírica em direito*. Rio de Janeiro: IPEA, 2013.

MENDES, Gilmar Ferreira; BRANCO, Paulo Gustavo Gonet. *Curso de direito constitucional*. 10. ed. São Paulo: Saraiva, 2015.

MENDONÇA, C. C. D.; VIEIRA, R. D. S.; PORTO, N. F. F. *1º Diagnóstico da Advocacia Pública Municipal no Brasil*. Belo Horizonte: Fórum, 2018.

MILLS, Charles Wright. Situated actions and vocabularies of motives. *American Sociological Review*, v. 5, n. 6, p. 904-913, 1940.

NASCIMENTO, Carlos Valder do; DI PIETRO, Maria Sylvia Zanella; MENDES, Gilmar Ferreira (Coord.). *Tratado de direito municipal*. Belo Horizonte: Fórum, 2018.

OLIVEIRA, Luciano. Neutros & Neutros. *Humanidades*, Brasília, n. 19, p. 122-127, 1988.

PEIXOTO, Ravi. *Superação do precedente e segurança jurídica*. 2. ed. Salvador: JusPodivm, 2016.

PIOVESAN, F. *Direitos humanos e o direito constitucional internacional*. 18. ed. São Paulo: Saraiva, 2018.

POMPERMAIER, Cleide Regina Furlani. O advogado público municipal que atua na área tributária deve ser contratado pela via do concurso público. *Migalhas*. Disponível em: https://www.migalhas.com.br/depeso/349155/advogado-publico-municipal--contratacao-via-concurso-publico. Acesso em: 22 fev. 2022.

POPPER, Karl. *Escritos selectos*. Compilação de David Miller. México: Fondo de Cultura, 1995.

REGIS, Jolivet. *Curso de filosofia*. 19. ed. Rio de Janeiro: Agir, 1995.

ROCHA, Cármen Lúcia Antunes. *Princípios constitucionais dos servidores públicos*. São Paulo: Saraiva, 1999.

SALLES, Carlos Alberto de. *In*: CUNHA, Alexandre dos Santos; SILVA, Paulo Eduardo Alves da (Coord.) *Pesquisa empírica em direito*. Rio de Janeiro: IPEA, 2013.

SAPORI, Luiz Flávio A administração da justiça criminal numa área metropolitana. *RBSC*, n. 29, 2008.

SILVA, J. A. D. Dos estados federados no federalismo brasileiro. *Federalismo y Regionalismo*, México, p. 155-178, 2005.

TAVARES, Gustavo Machado; AMARO, Débora Bergantin Megid. O direito fundamental à boa administração pública e a advocacia pública municipal. *Conjur*, 17 abr. 2021. Disponível em: https://www.conjur.com.br/2021-abr-17/opiniao-administracao-publica-advocacia-publica-municipal. Acesso em: 28 mar. 2022.

TAVARES, Gustavo Machado; MOURÃO, Carlos Figueiredo; VIEIRA, Raphael Diógenes Serafim (Coord.). *A obrigatoriedade constitucional das procuradorias municipais*. Belo Horizonte: Fórum, 2022.

TEMER, Michel. *Elementos de direito constitucional*. 19. ed. São Paulo: Malheiros, 2004.

VELHO, Gilberto. Observando o familiar. *In*: NUNES, E. O. (Org.). *A aventura sociológica*. Rio de Janeiro: Zahar, 1978.

Esta obra foi composta em fonte Palatino Linotype, corpo 11,5
e impressa em papel Pólen 80g (miolo) e Supremo 250g (capa)
pela Gráfica Formato, em Belo Horizonte/MG.